監修者――木村靖二／岸本美緒／小松久男／佐藤次高

［カバー表写真］
スターリンの肖像

［カバー裏写真］
「マルクス，エンゲルス，レーニン，スターリンの旗のもとに」
（マルクス没後50年を記念したポスター，1933年）

［扉写真］
スターリンの像
（グルジア〈ジョージア〉，ゴリ，2006年）

世界史リブレット人89

スターリン

超大国ソ連の独裁者

Nakashima Takeshi
中嶋毅

目次

スターリンの葬儀

独裁者の死

一九五三年三月五日夜、長きにわたってソ連の共産党書記長を務めたヨシフ・ヴィッサリオノヴィチ・スターリンが世を去った。翌六日、報道機関はいっせいに、ソ連国家の最高指導者の死を全世界に報じた。

スターリンの死は、ソ連全土に巨大な衝撃を与えた。その報に接した多くの人々が涙したという。人々は指導者の突然の死を悲しんだだけでなく、偉大な指導者を失ったこれからのソ連に対する不安を抱いたのである。他方で少なからぬ人々が、スターリンの死に異なる態度で臨んでいた。独裁者のもとで抑圧を受けた人々や、犠牲者の家族たちである。彼らにとって独裁者の死は、抑圧からの解放を意味した。しかし彼らもまた、絶対的な指導者のいない時代を生きていかねばならなかった。スターリンの名は、ソ連全体のあらゆる領域に深く浸透していたのである。スターリンの遺体は、三月九日の葬儀式典ののち、保存処理が施されて、レーニン廟▲でレーニンの遺体と並べて安置された。

「スターリン死す」の報はまた、世界の耳目を集める出来事だった。アメリカ合衆国やイギリスの対ソ専門家はただちに、スターリン後のソ連の動向分析に懸命になった。ソ連と対立していたユーゴスラヴィア▲では、スターリンの死が緊張緩和をもたらすのではないかという期待もあらわれた。日本の新聞も、ソ連でスターリン死去が報じられた三月六日の夕刊で、スターリンの死を大々的に報道した。ある全国紙は、「おそらくは世界の歴史の中においてもごくまれにしか出ないであろうと思われる政治家」とスターリンを評した。

スターリンを支えた側近たちは、スターリンの死後ただちに、多くの領域でソ連の統治方針を転換しはじめた。そして、スターリンの死後初めて開かれた一九五六年二月の第二〇回共産党大会で、共産党第一書記フルシチョフがいわゆる「秘密報告」をおこなって、スターリン批判を展開した。「個人崇拝とその帰結」と題されたその報告は、大会出席者に巨大な衝撃を与え、まもなくそ

▼レーニン廟　レーニンの遺体を安置した廟所。一九二四年一月に建築家アレクセイ・シチューセフの設計により当初は木造で建設された。三〇年には同じくシチューセフの設計で石造りの恒久的な廟所が建造されて、現在にいたっている。

▼ユーゴスラヴィア　第二次世界大戦期のドイツ支配から自力で解放を遂げた同国は、共産党指導下でソ連に対して自律的な姿勢をとったことから、一九四八年以降ソ連と対立して独自の社会主義路線を歩んだ。

●—**ヴラジーミル・イリイチ・レーニン**（一八七〇〜一九二四）　本名ウリヤーノフ。ロシアの革命家・政治家でありソ連建国の父。シンビルスクの教育者の家庭に生まれる。マルクス主義政党であるロシア社会民主労働党の急進派ボリシェヴィキを率いて、ロシアにおける社会主義革命を追求した。第一次世界大戦が起こると、これを帝国主義戦争と規定し、戦争を内乱に転化せよと主張した。一九一七年にロシアで二月革命が起こると、亡命先のスイスから帰国し、ボリシェヴィキの革命路線を指導した。十月革命により臨時政府を打倒し、史上初の社会主義政権である人民委員会議の議長となってソヴィエト・ロシアを指導した。内戦終結後の二二年十二月にソヴィエト連邦をつくりだしたが、国家建設の途上で病に倒れ、二四年一月に死去した。

●—**ニキータ・セルゲエヴィチ・フルシチョフ**（一八九四〜一九七一）ソ連の政治家。クルスクの炭鉱夫の家庭に生まれ、炭鉱労働者から赤軍を経て共産党に入党した。モスクワとウクライナで活動ののち、一九四九年から共産党中央委員会書記、五三年のスターリン死後に第一書記に就任。五六年の第二〇回共産党大会で「スターリン批判」をおこなった。農政の失敗と共産党機構改革への反発から、六四年に第一書記を解任されて失脚した。

の内容は共産党員を通じて広く国民の知るところとなった。

そこから始まった本格的な「非スターリン化」の波は、一九六一年十月に開かれた第二二回党大会で最高潮を迎え、スターリンの遺体はレーニン＝スターリン廟と呼ばれていた廟所から撤去されて、クレムリン▲の壁に改葬された。スターリンはいまや地に落ちた偶像となり、彼の名を記念して命名された都市スターリングラードは、ヴォルゴグラードと改称された。しかしフルシチョフが失脚すると、その後継者ブレジネフのもとでスターリン批判に歯止めがかけられるとともに、スターリンの復権に向けた動きもあらわれた。

その後、ゴルバチョフが進めたペレストロイカ▲のもとで、それまで利用が厳しく制限されていた様々な情報が徐々に公開され、ソ連の歴史の見直しが進められた。それに伴って、スターリンを肯定的に評価する人々と、スターリンによる抑圧を糾弾する人々とのあいだで、スターリン評価をめぐる論争が展開された。この論争は、スターリンがつくりあげたソ連が解体したのちも続き、今日にいたっている。

ロシア革命から百年を経た二〇一七年四月に、ロシア連邦の独立系調査機関

▼クレムリン　城砦をあらわすロシア語の英語読み。モスクワのクレムリンにはツァーリの宮殿があり、一九一八年にモスクワへ遷都したソヴィエト政権は、クレムリン内に主要国家機関をおいて政治の中心とした。その城壁には、多くの共産党指導者が埋葬されている。

▼ペレストロイカ　ソ連共産党書記長ゴルバチョフを中心に、一九八六年から進められた体制内改革で、「立て直し」の意。当初は経済活性化と政治的民主化を通じた「社会主義の再生」をめざす改革路線だったが、次第に大衆レベルの急進的な改革運動が強まり、ついには体制の全面否定をめざす動きにつながった。

●――**レオニード・イリイチ・ブレジネフ**（一九〇六〜八二）
ソ連の政治家。ウクライナのカメンスコエに生まれ、コムソモール（共産主義青年同盟）を経て一九三一年に共産党に入党。地方党委員会書記などを経て、五七年に党政治局員。六四年のフルシチョフ追放後に党第一書記に選出され、六六年からは書記長と名称を戻した。内政の安定化を図ったが、政治の保守化と経済の停滞を招いた。

●――**ミハイル・セルゲエヴィチ・ゴルバチョフ**（一九三一〜　）
ソ連の政治家。北カフカースの農民家庭に生まれ、モスクワ大学法学部卒業後に共産党機関の活動に入った。一九八〇年に政治局員、八五年に党書記長となった。ペレストロイカを主導し、九〇年にはソ連大統領に就任、同年ノーベル平和賞を受賞したが、九一年のソ連解体に際して大統領を辞任した。

が実施したアンケート調査によれば、ロシア史上最も偉大な人物の第一位にスターリンの名が挙げられたという。今日のロシアでは、大規模な抑圧を展開して国民に多くの犠牲を強いた独裁者としてスターリンを理解するよりもむしろ、第二次世界大戦でドイツに勝利してソ連をアメリカと並ぶ超大国に成長させた偉大な指導者と評価されているのである。たしかにソ連の成長と拡大の歴史は、スターリンの名前と分かちがたく結びついている。

スターリンの生涯については、これまでにおびただしい数の評伝が出版されており、彼のもとで形成された諸政策、思想体系や政治体制をあらわす「スターリン主義」についての研究も数多く存在する。本書では、これまでの研究の蓄積をふまえて、特にソ連の骨格が形成される時期を中心にスターリンの思想と行動を考察することを通じて、社会主義国家ソ連の歩みを振り返ってみたい。

①——地下活動家から歴史の表舞台へ

生い立ちと自己形成

のちにスターリンとなるヨシフ・ヴィッサリオノヴィチ・ジュガシヴィリは、公式評伝によれば、一八七九年十二月二十一日(ロシア暦▲では一八七九年十二月九日)に、ロシア帝国領グルジアの小都市ゴリに生まれた。「公式評伝によれば」というのは、ゴリの教会に残された記録に、彼の本当の生年月日が一八七八年十二月十八日(同月六日)と記されていたことが、一九九〇年に判明したからである。

ヨシフ・ジュガシヴィリが一八七八年生まれであることは、彼が学んだゴリの神学校の卒業証書や、一九二〇年の書類などにも記載されている。しかし一九二〇年代に一八七九年を生年とする記載があらわれるようになり、一九二九年十二月二十一日には、スターリンの生誕五〇周年が大々的に祝福された。当然ながらスターリン自身は正しい生年月日を知っていたはずだが、なぜ一九二〇年代になって生年月日を一年遅らせたのか(しかも日付まで変えて)、いまも

▼**ロシア暦**　ロシア帝国ではユリウス暦が用いられており、十九世紀では十二日、二十世紀では十三日、グレゴリウス暦より日付が遅れる。ソヴィエト政権は一九一八年一月末をもってグレゴリウス暦に変更し、一月三十一日の翌日を二月十四日とした。

って不明である。彼の最大の政敵となったトロツキー▲が、一八七九年十一月七日(十月二十六日)生まれであったことを、彼と対立した一九二〇年代にスターリンが意識したと考えるのは、うがった見方に過ぎるだろうか。

スターリンの父ヴィッサリオン・ジュガシヴィリは、グルジアで正教徒の農奴の家に生まれ、農奴解放後にゴリに移って靴職人となった人であった。そこで彼は、同じく解放農奴の娘エカチェリーナ・ゲラッゼと結婚し、三人の男子を授かった。上の二人の子はいずれも幼くして亡くなったが、三番目のヨシフだけは無事に成長した。

父ヴィッサリオンは腕の良い靴職人だったが、ヨシフが幼い頃には大酒飲みになり、家庭で暴力的な振る舞いを繰り返した。信仰心の篤かった母エカチェリーナは、ただ一人となった息子に教育を受けさせようと、一八八八年に彼を地元ゴリの教会学校に入学させた。母親は息子に、父親とは異なる道を歩ませようとしたのだろう。ヨシフ少年は母の期待に応えて勉強に励んだが、父はヨシフに靴職人の技を仕込もうとして、両親はしばしば争ったという。

父の反対にもめげず良い成績を修めたスターリンは、一八九四年に教会学校

▼**レフ・ダヴィドヴィチ・トロツキー**(一八七九〜一九四〇)　本名ブロンシテイン。ロシアの革命家・政治家。ウクライナ南部のユダヤ人富農の家庭に生まれる。若くしてマルクス主義活動家となり、一九〇五年革命ではペテルブルク労働者ソヴィエト議長として活躍した。政治路線をめぐってレーニンと論争を展開したが、一七年にはレーニン率いるボリシェヴィキに参加した。十月革命ではレーニンとともに指導的役割を果たし、ソヴィエト政府の外務人民委員、軍事人民委員を務めた。しかしレーニンの死後、党内闘争に敗れ、二九年に国外追放となった。その後も国外でスターリン体制批判の運動を続けたが、四〇年に亡命地メキシコでスターリンの刺客に暗殺された。

●──父ヴィッサリオン

●──母エカチェリーナ

●──ゴリの生家

●──ゴリの教会学校のスターリン（最後列中央）

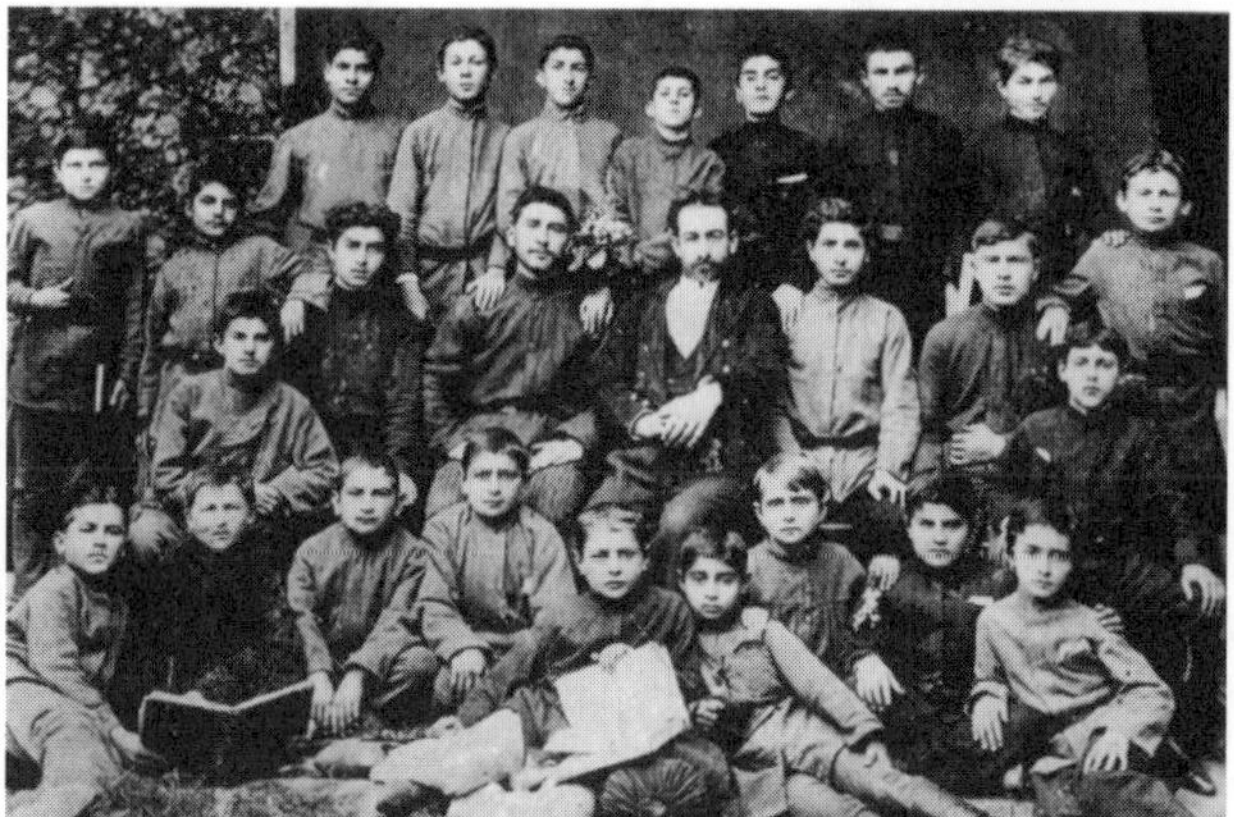

を卒業し、同年にグルジアの中心都市チフリス(現在のトビリシ)の神学校に進学した。成績優秀で食費と寮費の免除をえたスターリンは、神学校でもまじめに勉強し、初めのうちは成績上位にあった。しかし彼は、神学校での教育に対して次第に疑問を持ちはじめることになる。彼が学んでいた時代のチフリス神学校では、グルジア独自の文化を重視する生徒たちが学校当局と対立し、生徒たちのあいだで体制に対する反抗的精神が形成される状況が生じていたのである。一八九〇年代半ば頃には、チフリスで社会民主主義(マルクス主義)サークルが形成されはじめており、神学校は反体制活動の温床となっていた。

そのなかで、当初は勉学に励んでいたスターリンにも変化があらわれた。彼の政治的関心が、グルジア民族主義への共感から、明確に社会主義へと向かっていったのである。ロシア社会民主労働党▲が組織された一八九八年、スターリンはチフリスの社会民主主義組織に参加して、労働運動に積極的にかかわるようになった。その結果、神学校での成績も下がりはじめ、素行不良で処分を受ける問題児になっていった。この時点では、マルクス主義についての彼の知識は表面的なものだったが、労働運動への熱意は十分なものだった。

▼**ロシア社会民主労働党**　ロシアのマルクス主義政党。一九〇三年に実質的な結成をみたが、党組織のあり方をめぐってボリシェヴィキとメンシェヴィキに分裂し、ボリシェヴィキは一二年に独自の組織を確立した。ボリシェヴィキは一七年の十月革命によって政権の座につき、翌一八年三月の第七回党大会で党名をロシア共産党(ボリシェヴィキ)と改称した。一方、メンシェヴィキはボリシェヴィキと対立し、内戦を経てロシア国内では存在できなくなった。

一八九九年五月にスターリンは、最終学年に進級するために必要な試験を受けなかったという理由で、神学校を退学処分となった。神学校はこの反抗的な生徒を体よく追放したのである。こうして勉学の道を断たれた彼は、革命家の道を歩むことになる。

地下活動の革命家

スターリンは友人の支援をえて、同年末にチフリス測候所の職員となった。彼は勤務を続けるかたわら社会民主主義組織での活動を続け、組織の左翼グループの一員として労働運動に深くかかわるようになった。ちょうどこの時期、チフリスでは労働運動が高揚しており、当局の取り締まりも強化されつつあった。そこで一九〇一年、スターリンは測候所を去って地下に潜行し、職業革命家となったのである。

チフリスを逃れたスターリンは、黒海を望む港町バトゥーミに移って、その地で非合法活動を続けた。しかし〇二年四月に逮捕されて投獄されたのち、翌年半ばには三年の東シベリア流刑を宣告された。この頃には「コーバ」▲の名で

▼「コーバ」　スターリンの初期の変名。グルジアで広く読まれたアレクサンドル・カズベギ(一八四八〜九三)作の英雄物語に登場する義賊の名に由来する。

▼**ユーリー・オシポヴィチ・マルトフ**（一八七三〜一九二三）　本名ツェデルバウム。ロシアの革命家。コンスタンティノープル（イスタンブール）のユダヤ人家庭に生まれる。ペテルブルク大学在学中に革命サークルを組織して退学処分となる。一八九五年にはレーニンとともにペテルブルクで労働者階級解放闘争同盟を組織し、亡命して国外で機関紙『イスクラ（火花）』を刊行した。一九〇三年の社会民主労働党第二回大会でレーニンと対立し、メンシェヴィキの指導者となった。一七年に帰国して革命運動に従事したが、ボリシェヴィキに反対して二〇年に亡命した。

知られていたスターリンは、〇三年十一月にイルクーツク北方の寒村に送られた。しかしスターリンは脱走に成功し、〇四年にはチフリスに舞い戻って、社会民主主義組織での非合法活動を再開した。

　スターリンが逮捕され投獄されていた時期、ロシアのマルクス主義組織では大きな変化が生じていた。一九〇三年にブリュッセルで開かれたロシア社会民主労働党第二回党大会で、党組織のあり方をめぐって組織に分裂が生じたのである。ロシアにおける革命の遂行を第一に考えたレーニンは、実際に革命運動に従事する者を党員とみなすべきと主張した。これに対してレーニンの古くからの友だったマルトフ▲は、積極的活動家だけでなく同調者も党に引き入れねばならないと反論した。レーニンは自身に賛同する人々を「ボリシェヴィキ」（多数派）と呼び、マルトフ支持者を「メンシェヴィキ」（少数派）と呼んで批判した。本格的に始動したマルクス主義政党は二つに分かれて異なる路線を歩みだした。

　当時のグルジアの社会民主主義運動は、労働者のあいだで組織を拡大しようとする穏健な路線が優勢であった。これに対して非合法活動に携わっていたスターリンは、職業革命家が労働者の運動を指導せねばならないというレーニン

●—シベリア地方

●—革命運動を始めた頃のスターリン

▼ニコライ二世(在位一八九四〜一九一七)　ロシア帝国最後の皇帝。治世前期にはセルゲイ・ヴィッテらの官僚に支えられて危機を乗り切ったが、その後は皇后とラスプーチンら取り巻きの影響を受けて治世の混乱を招いた。一九一七年の二月革命により退位し、十月革命後にエカチェリンブルクに幽閉されたが、一八年に皇后、皇太子、四人の皇女とともに処刑された。

▼ザカフカース　英語ではトランスコーカサスと表記され、コーカサス山脈の南側の地域を指す。大まかに現在のグルジア(ジョージア)、アルメニア、アゼルバイジャンの領域にあたる。

の見解を支持した。一九〇五年一月に、彼は次のように書いている。「党組織の一つに入り、したがって、個人的利益と党の利益とを融合させるときに初めて――そのときに初めて、われわれは党員となり、それとともにプロレタリアの軍隊の真の指導者になることができるのである」。こうしてスターリンは、グルジアでは少数派のボリシェヴィキとなった。

一九〇四年に始まった日露戦争がロシア側に不利に展開し、国民の不満が強まるなかで、反体制活動も活発化した。〇五年には国内情勢は一段と緊迫化し、この混乱を収束させるために皇帝ニコライ二世▲は、国民に対して憲法制定と国会開設を約束せざるをえなかった。一九〇五年革命と呼ばれるこの出来事のなかで、社会的・民族的対立に悩まされたザカフカース▲では、混乱は深刻であった。当局は武力で混乱を制圧しようとし、革命家はこれに実力で対抗した。メンシェヴィキもボリシェヴィキも、独自の武装集団を組織してテロ行為を実践した。この時期スターリンは、グルジアを駆け回って、ストライキやデモを組織し、論文やパンフレットを書き、非合法活動組織の設立に携わった。こうした活動を通じてスターリンは、ボリシェヴィキの活動家として頭角をあらわし

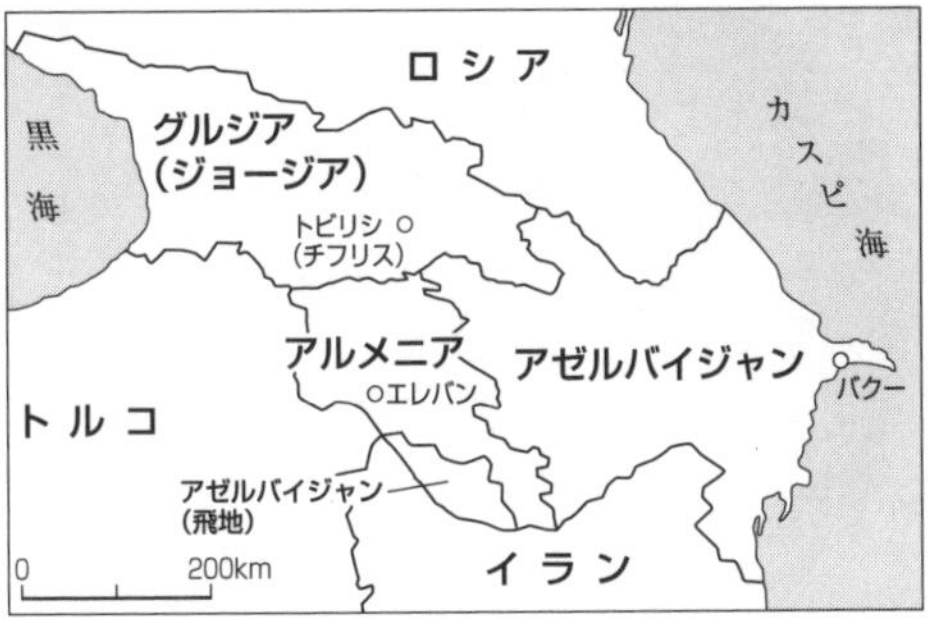

エカチェリーナ・スヴァニッゼ

たのである。

ボリシェヴィキ地方指導者

一九〇五年は、スターリンの政治的経歴にとって重要な年であった。同年十二月にフィンランドのタンメルフォルス（フィンランド語ではタンペレ）で開かれたボリシェヴィキ党協議会に、ザカフカース代表団の一員として参加し、初めてレーニンと出会ったのである。のちの回想によれば、スターリンはレーニンに会うまで、「わが党の山鷲」であるレーニンを「堂々とした風采の立派な巨人」と想像していた。しかし実際にタンメルフォルスで会ったレーニンは、普通の代議員とありふれた談話を気取らずにやっている、ごくありふれた人間であると知って、いたく失望したという。

その後のスターリンは、もっぱらザカフカースでの党活動に従事した。〇六年七月には、彼はエカチェリーナ・スヴァニッゼと結婚式を挙げた。新婦エカチェリーナは、チフリスの仕立屋に勤める裁縫師だった。兄のアレクサンドル・スヴァニッゼは、スターリンの友人でボリシェヴィキだったので、新婦は

長男ヤコフ

▼シモン・テル＝ペトロシャン（一八八二〜一九二二）　ロシアの革命家。通称カモ。ボリシェヴィキのために数多くの非合法活動に従事し、一九一二年に死刑判決を受けたが、翌年のロマノフ朝三〇〇周年の恩赦で終身刑に減刑。革命後はソヴィエト機関で働いたが、交通事故で死去。

スターリンの活動に理解を示したであろう。翌年三月には、二人のあいだに長男ヤコフが誕生した。

家庭を顧みず活動に専念したスターリンは、ザカフカースのボリシェヴィキ指導者として着実に地歩を固め、〇七年五月にはロンドンで開かれたロシア社会民主労働党第五回党大会に出席した。この大会は、活動資金を獲得するために党員が実践していた「収奪」と呼ばれる強盗行為と武装組織を禁止する決議を採択した。この決議によって、スターリンも関与していた非合法活動の一部が党の名によって否定され、「収奪」で獲得された資金によって活動してきたレーニンも困難な立場に立たされた。

スターリンがロンドンからチフリスに戻った直後の六月、ボリシェヴィキの武装部隊がチフリスの帝国銀行支店に向かう現金輸送隊を襲撃し、二五万ルーブルという大金を強奪する事件が発生した。この襲撃事件の首謀者は、スターリンの友人シモン・テル＝ペトロシャン▲だったが、二人の親密な関係から、スターリンもまたこの事件に関与したと噂《うわさ》された。スターリンが事件に関する情報を知っていた可能性は指摘されているものの、この事件にスターリンが関与

▼脱走を繰り返す　帝政期の流刑制度では、多くが追放囚であった政治囚には居住地制限や監視がおこなわれたものの、一定の行動の自由が認められていた。一般の居住地との距離が比較的近い流刑地からは、監視の目をかいくぐって脱走する囚人も稀ではなく、スターリン自身も秘かに脱走して逮捕される前に流刑地に戻るという大胆な行動を繰り返していた。写真は一九一〇年三月にバクーで逮捕されたスターリン。

したことを示す直接の証拠はない。

ともあれチフリスでの生活が難しくなったスターリンは、妻子とともにバクーに逃れた。しかしここで一家に悲劇が訪れる。エカチェリーナが病に倒れたのである。彼女はチフリスに戻って療養したが、幼いヤコフを残して二二才の若さで亡くなった。ヤコフはスヴァニッゼ家に引き取られた。妻の死後、スターリンはますます非合法活動に没頭していった。

この間ロシア帝国は、一九〇五年革命後の混乱を切り抜けて、徐々に秩序を回復しつつあった。革命運動は勢いをそがれ、革命家に対する取り締まりが強化された。スターリンも、〇八年三月にバクーで逮捕され、投獄ののち翌年二月にヴォログダに流刑に処せられた。しかし四カ月後に彼は脱走に成功し、バクーに戻って活動を再開した。その後も彼は、逮捕、流刑、脱走を繰り返しつつ、▲精力的に非合法活動を続けた。

中央へ

一九一二年一月にプラハで社会民主労働党協議会が開かれたとき、流刑地ヴォログダにいたスターリンは、不在のまま中央委員に選出された。ボリシェヴィキの不屈の闘士となったスターリンは、指導者レーニンの信頼を獲得し、実質的に独自の党組織を形成するにいたったボリシェヴィキ指導部のなかで、その地位が上昇したのである。これによりスターリンは、ロシア全土とりわけペテルブルクとモスクワの両首都で党活動を展開することになった。この時期に彼は、ペテルブルクでボリシェヴィキ党組織の新聞の編集に携わり、第四国会の選挙に向けたボリシェヴィキ党組織の戦略を練り、様々な集会を組織した。

亡命中のレーニンは、自らの主張をロシア国内で実現するために、手足となって働く代理人が必要だった。スターリンはこの役割を見事に果たした。彼は、オーストリア＝ハンガリー帝国領のクラコウをひそかに訪れ、レーニンと会って指示を受けて、ロシアに戻ってそれを実践した。スターリンは、レーニンの忠実な弟子として、ロシア国内での困難な非合法活動に従事したのである。

多くのボリシェヴィキ指導者とは異なり、スターリンは、時折国外での会議に参加する以外はもっぱらロシア国内で非合法活動に従事していた。その彼が例外的にロシアを不在にしたのが、一二年末から翌年にかけてのクラコウとウィーンでの滞在で、この時期彼はレーニンのそば近くで活動する機会をえた。

スターリンはこのウィーン滞在中に、のちに「マルクス主義と民族問題」と題して公刊され、彼の代表的論文となる著作を完成させた。この論文は少数民族に対するボリシェヴィキ党組織の態度を論じたもので、レーニンに倣ってスターリンは、少数民族には民族自決権が認められるべきだと主張した。そしてこの前提に立って、諸民族の労働者を「単一の完全な集団」に団結させ「単一の政党」すなわち社会民主労働党に結集することが必要だと論じた。この論文は、少数民族出身のボリシェヴィキが民族問題の解決に向けての方策を考察したものとして注目され、スターリンが民族問題の専門家とみなされる契機となった。

この論文で用いた筆名「スターリン」は、彼が少し前から用いるようになっていたもので、ロシア語の「スターリ」(鋼鉄)からつくられた変名だった。「鋼鉄の人」スターリンの名は、この論文を通じて広く知られることになったのである。

ウィーンからペテルブルクに戻ってすぐの一三年三月、スターリンは最後の逮捕を経験する。今回の処罰は以前に比べて厳しいものとなり、シベリアのトゥルハンスクへの流刑四年を宣告されて追放された。ロシア帝国の政治囚流刑地は、のちに彼自身がつくりあげた収容所での生活に比べれば楽園のような環境で、狩猟や魚釣りやタイガ▲への散策に時を費やすことができ、同志たちとの文通さえ可能であった。それでも彼は脱走を試みたが、それ以前の流刑地に比べて脱走の困難な場所だったため、一六年末までトゥルハンスクの流刑地で過ごさねばならなかった。

一九一四年に始まった第一次世界大戦について、スターリンがどのような立場を示したのかは定かでない。しかし戦争の影は、彼の身にも忍び寄ってきた。兵士不足が深刻化した一六年末、流刑者が兵籍に編入されることになり、スターリンも徴兵検査のためクラスノヤルスクに移送されたのである。しかし翌一七年二月、子ども時代のけがにより兵役に不適格とされた彼は、召集を解除された。彼はそのままクラスノヤルスクに近いアチンスクで流刑期間を送ることになったが、それも長くは続かなかった。

▼タイガ　ロシア語でシベリア地方の針葉樹林を指す。

●トゥルハンスクの流刑地

●トゥルハンスクの流刑囚たち　最後列、黒い帽子をかぶっているのがスターリン。その左隣はカーメネフ(二五頁参照)。

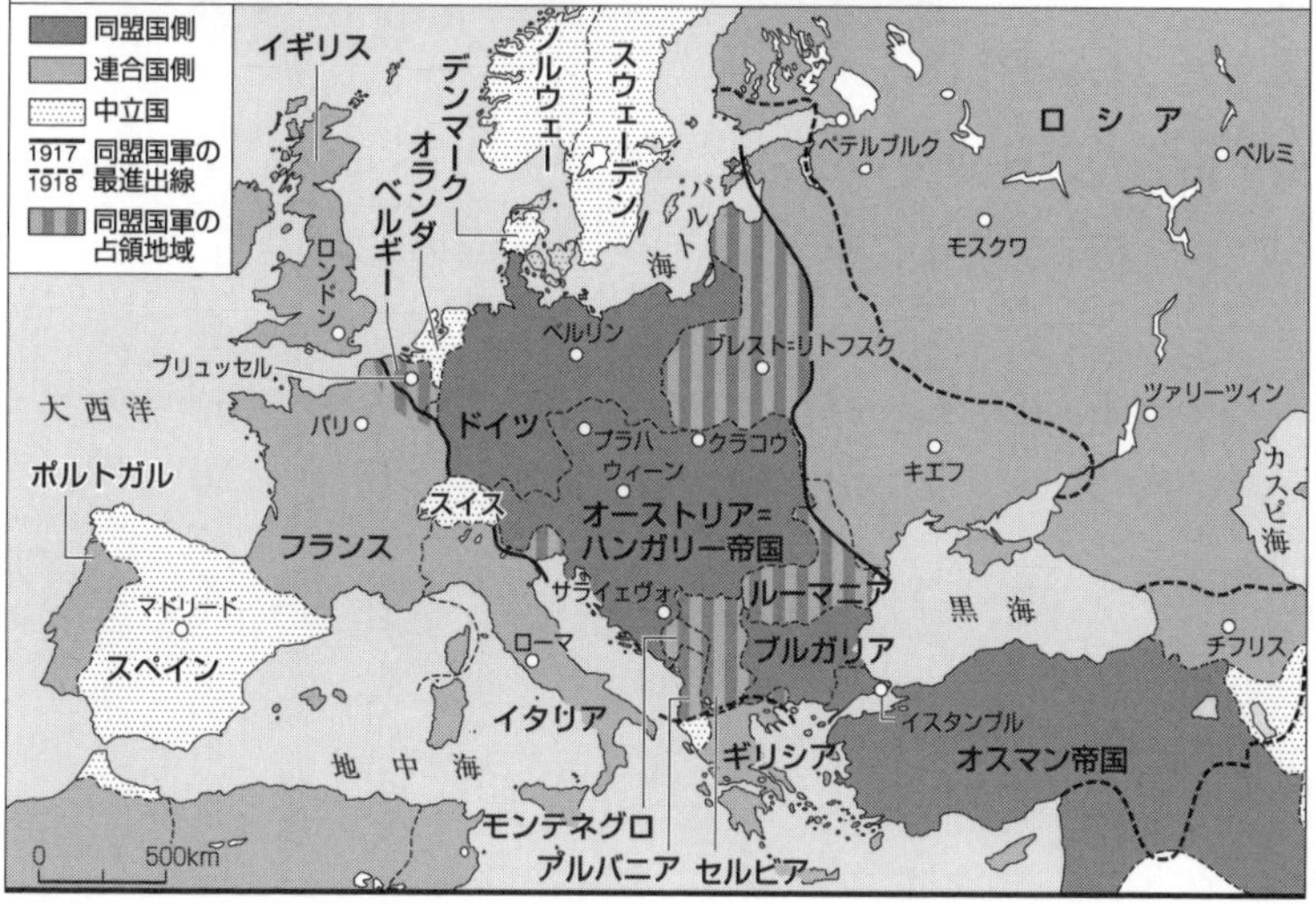

●第一次世界大戦中のヨーロッパ

一九一七年のロシア革命

　第一次世界大戦が始まった一九一四年夏にペトログラードと改称されたロシア帝国の首都で、一七年三月に臨時政府が成立し、皇帝ニコライ二世が退位した。二月革命である。スターリンは、アチンスクで革命の報に接した。臨時政府が実施した恩赦により流刑から解放されたスターリンは、仲間の流刑囚であったカーメネフとムラノフ▲と一緒に、三月二十一日にアチンスクを発って、四日後の二十五日にペトログラードに到着した。

　ペトログラードについた彼らは、ボリシェヴィキ党中央委員会ロシア・ビューローのメンバーとなり、党機関紙『プラウダ』▲の編集を担当していたモロトフ(二五頁参照)に代わって彼らが編集を指導した。スターリンらは、ペトログラード・ソヴィエト執行委員会のボリシェヴィキ代表にも選出された。こうしてレーニンら亡命指導部の不在のあいだ、スターリンを初めとする国内指導者たちに、ボリシェヴィキの舵取りが委ねられたのである。

　二月革命直後のボリシェヴィキ新指導部の対応は、芳しいものとはいえなかった。カーメネフは臨時政府の支持を表明し、戦争については祖国防衛の立場

▼**マトヴェイ・コンスタンチノヴィチ・ムラノフ**(一八七三〜一九五九)　ロシアの革命家・政治家。農民家庭に生まれ、労働者となる。一九〇四年にロシア社会民主労働党に入党し、ボリシェヴィキに属した。一二年の第四国会選挙でボリシェヴィキ議員となったが、一五年にシベリア流刑となり、スターリンと出会った。十月革命後は共産党中央委員、中央統制委員となり、三〇年代の「大テロル」を生き延びて政界から引退した。

▼**『プラウダ』**　一九一二年にボリシェヴィキ党機関紙として発刊。一八年三月にボリシェヴィキが党名を共産党に変更すると共産党機関紙となり、共産党の見解を伝達する媒体となった。

を擁護した。スターリンも、臨時政府に圧力をかけて速やかに戦争を終結させるという穏健な姿勢を示した。彼らのこの立場は、臨時政府への反対を強く訴えるレーニンの主張よりも、メンシェヴィキの政治路線に近いものだった。

四月にレーニンが帰国して「四月テーゼ」▲を発表したときも、『プラウダ』はすぐにそれを公表せず、公表の際にもそれがレーニンの個人的見解であるとの但し書きが付された。それでも五月に第七回党協議会が開かれたとき、カーメネフと異なってスターリンは、レーニンの主張を支持した。この会議でスターリンは、レーニン、ジノヴィエフ(二五頁参照)に次ぐ第三位で中央委員に選出された。このことは、当時スターリンがボリシェヴィキ党組織内で指導的地位にあったことを示している。

その後スターリンは、反戦プロパガンダを展開し、六月の全ロシア・ソヴィエト大会にボリシェヴィキ代議員として参加し、中央執行委員に選出された。また、七月に労働者と兵士による反政府武装デモが起こり、これを扇動したとして主要なボリシェヴィキ指導者に逮捕状が出されたとき、スターリンはレーニンをフィンランドに脱出させた。全ロシア・ソヴィエト中央執行委員として

▼**「四月テーゼ」**　一九一七年四月にレーニンがロシアに帰国して、同十七日に発表した革命路線。ここでレーニンは臨時政府への協力を否定し、祖国防衛に反対し、ソヴィエト権力の樹立を主張した。四月テーゼはボリシェヴィキの政策を臨時政府との闘争へと転換させ、十月革命に向かう指針となった。

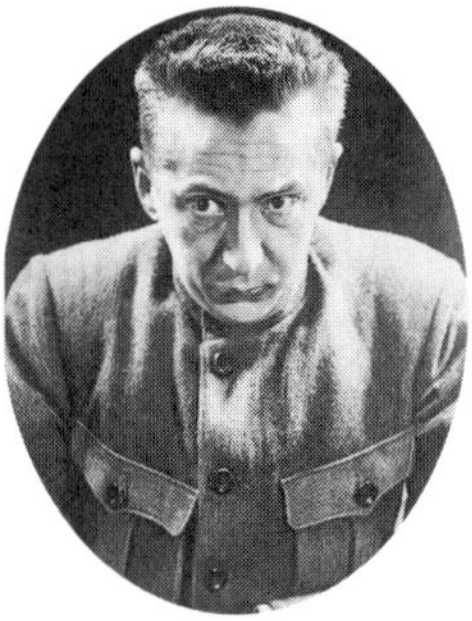

▼**アレクサンドル・フョードロヴィチ・ケレンスキー**（一八八一〜一九七〇）　ロシアの政治家。シンビルスクの教育者の家庭に生まれ、ペテルブルク大学卒業後に弁護士となって活躍した。一九一二年の第四国会選挙にトルドヴィキから出馬して当選し、フリーメーソン組織にも参加して民主的ロシアをめざした。二月革命後、臨時政府の司法相となり、正式にエスエル党（社会主義者＝革命家党）の党員となった。こののち臨時政府陸海軍相、首相を歴任したが、十月革命により亡命した。

活動していたスターリンは逮捕を免れたため、主要な指導者がいなくなったボリシェヴィキを彼が指導することになった。

　七月事件ののち、首相となったケレンスキー▲は、軍の規律を回復する目的で最高総司令官にコルニーロフ▲（二六頁用語解説参照）を任命した。しかし、保守派に支持されたコルニーロフに疑念を覚えたケレンスキーは、コルニーロフが反乱を起こしたとして、ソヴィエトの支援を受けてこれを鎮圧した。この過程でボリシェヴィキはソヴィエト内部で勢力を拡大し、釈放されたトロツキーが九月末にペトログラード・ソヴィエト議長に選出された。

　情勢の急転回を受けて、レーニンはフィンランドの潜伏先から、ボリシェヴィキが実力で臨時政府を打倒すべきだと主張した。ジノヴィエフとカーメネフは、レーニンの武装蜂起論に反対した。当初は慎重だったスターリンは、レーニン支持に回った。レーニンは秘かにペトログラードに戻って、武装蜂起計画を中央委員会に承認させた。こうして十一月七日（十月二十五日）、ボリシェヴィキ率いるペトログラード・ソヴィエト軍事革命委員会が、臨時政府の打倒を発表した。この「十月革命」においてスターリンが果たした役割は、レーニン

●—**レフ・ボリソヴィチ・カーメネフ**（一八八三〜一九三六）　本名ローゼンフェリト。ロシアの革命家・政治家。ユダヤ人鉄道技師の家庭に生まれる。一九〇一年にロシア社会民主労働党に入党し、ボリシェヴィキに属して革命運動に従事した。第一次世界大戦期に逮捕されシベリア流刑となったときに、流刑先でスターリンと出会い親しい間柄となった。十月革命の際に武装蜂起に反対したが、その後は共産党モスクワ組織を指導し、政治局員を務めた。一国社会主義に反対してスターリンと対立し、党中央から排除されて、三六年に第一次モスクワ裁判で有罪判決を受けて処刑された。

●—**グリゴリー・エフセエヴィチ・ジノヴィエフ**（一八八三〜一九三六）　本名ラドムイスリスキー。ロシアの革命家・政治家。ウクライナ南部のユダヤ人農場主の家庭に生まれ、若くして革命運動に参加した。一九〇二年に亡命し、ベルンでレーニンに出会い、親密な同志となった。二月革命後にレーニンとともに帰国したが、十月革命ではカーメネフとともに武装蜂起に反対した。十月革命後は党政治局員、コミンテルン議長を歴任したが、スターリンと対立して失脚した。三六年に第一次モスクワ裁判で有罪判決を受けて処刑された。

●—**ヴャチェスラフ・ミハイロヴィチ・モロトフ**（一八九〇〜一九八六）　本名スクリャービン。ロシアの革命家・政治家。ヴャトカに生まれ、実科学校在学中の一九〇六年にロシア社会民主労働党に入党し、ボリシェヴィキに属した。一七年にはペトログラードで活動し、二一年に党中央委員会書記、二六年には政治局員となった。一九二〇年代からスターリンの忠実な部下として活躍し、三〇年に人民委員会議議長(〜四一年)、三九年には外務人民委員となった。スターリンの死後、五七年に失脚した。

●—**一九一八年の人民委員会議**　電灯の右下に座っている人物がレーニン。その隣に立っているのがスターリン。

のように決定的なものでも、トロツキーのように華々しいものでもなかった。

革命政権の一員

一九一七年の十月革命によって誕生したソヴィエト政府(人民委員会議)において、スターリンは民族問題人民委員に就任した。非ロシア人の出自で民族問題についての専門家と認められていた彼が、新たに設置される国家部門の責任者にふさわしいと考えられたのである。この任務を遂行するなかで彼は十一月十五日、ロシア諸民族の権利宣言に人民委員会議議長レーニンとともに署名し、幅広い民族自決権を承認した。

旧ロシア帝国の非ロシア人地域では、革命のなかで民族的自覚が高揚していた。十二月にはフィンランドが独立を宣言し、ソヴィエト政府は民族自決に基づいてこれを承認した。しかし、同月にウクライナのラーダ▲がペトログラードに敵対的な武装勢力を支持したとき、スターリンは、ラーダ総書記局が民族自決の旗印にかくれて「反革命」勢力と結びついていると非難した。さらに翌一八年一月に彼は、「自決の原則は、社会主義のための闘争の手段でなければな

▼ラヴル・ゲオルギエヴィチ・コルニーロフ(一八七〇〜一九一八)　ロシアの軍人。カザーク軍人の家庭に生まれ、陸軍将校となり頭角をあらわした。一九一七年七月に臨時政府最高総司令官に任ぜられたが、ケレンスキーと対立し、軍団を首都ペトログラードに進撃させた。これはソヴィエトの抵抗により失敗して逮捕された。十月革命の混乱に乗じて南ロシアに脱出し、反革命派の義勇軍(白衛軍)を組織したが、一八年四月に戦死した。

▼ラーダ　会議・議会の意で、ウクライナのソヴィエトにあたる。一九一七年にロシアで二月革命が起こると、ウクライナでも諸政治勢力の調整機関としてウクライナ中央ラーダが組織された。中央ラーダは当初、ロシアの臨時政府との協調路線をとって幅広い自治権の獲得をめざしたが、次第に民族主義者の影響力が強まった。ロシアで十月革命が起こると、中央ラーダは臨時政府を打倒したボリシェヴィキを非難し、ウクライナ人民共和国の創設を宣言した。

▼**セルゲイ・ヤコヴレヴィチ・アリルーエフ**（一八八六〜一九四五）　一九〇〇年にチフリスで革命運動に参加し、その後首都でボリシェヴィキとして活動した。スターリンは二月革命でペトログラードに戻ったとき、アリルーエフの家に滞在した。革命後は電力事業に従事した。

ナジェージダと長女スヴェトラーナ

次男ワシーリー

らないし、社会主義の原則に従属しなければならない」と主張するにいたった。

こうしてスターリンの民族自決は、民族全体の自決ではなく、民族内のプロレタリアートの自決へと転換したのである。この原理に立って、七月にロシア社会主義連邦ソヴィエト共和国が形成された。

この間に、停戦状態にあったドイツがソヴィエト・ロシアを攻撃し、ペトログラードが脅威にさらされたため、一九一八年三月に急遽《きゅうきょ》モスクワへの遷都が実施された。モスクワに移る際、スターリンは、長年の友人セルゲイ・アリル▲ーエフの娘ナジェージダを秘書として連れて行った。翌年、二人は結婚し、二一年には息子ワシーリー、二六年には娘スヴェトラーナが誕生した。

一九一八年五月、スターリンは南部ロシアにおける食糧調達の責任者に任じられた。革命直後からソヴィエト政府は、深刻な食糧不足に悩まされていた。この危機的状況に対処するために、ソヴィエト政府は一八年五月、労働者で構成される武装部隊を農村に派遣して、穀物を隠しているとされた農民から強制的に穀物を挑発する「食糧独裁令」を制定した。スターリンはこれを実施すべく、南部ロシアのツァリーツィンに赴いた。

ツァリーツィンは、一九一八年から本格化した内戦のなかで、ソヴィエト政府に敵対する勢力による攻撃を受けていた。穀物を中央に輸送する鉄道路線はしばしば遮断された。スターリンはすぐに、自らの任務と軍事情勢とのかかわりを理解し、軍事問題に介入した。このことは、軍事人民委員として赤軍▲の建設途上であったトロツキーとの対立を生み出した。トロツキーは、勝利を確実にするために、旧帝国軍の指揮官や将校を「軍事専門家」として利用することで強力な軍隊を建設しようとした。これに対してスターリンは、軍事専門家は政治的に信頼できず、彼らの利用は危険だと考えた。スターリンは、裏切り者とされた多くの軍事専門家を解任し、処刑した。この年の九月に「革命の敵」に対する「赤色テロル」▲が宣言されると、スターリンは「反革命分子」に対する抑圧を強化した。

スターリンの強権的統制にもかかわらず（あるいはそれゆえに）、ツァリーツィンの情勢は急速に悪化した。一八年十月三日、トロツキーは、軍の政治コミッサール▲を作戦事項に介入させないようスターリンに指令を送った。同日スターリンは、「裏切り者」の軍事専門家を信頼することは全戦線を破壊すると論

▼赤軍　ソ連軍の旧称で、正式には労農赤軍。十月革命の過程で組織された労働者の武装組織である労働者赤衛隊を引き継いで、一九一八年一月に創設された。同年三月にトロツキーが軍事人民委員に就任し、赤軍の正規軍化と中央集権化を進めて戦闘能力の強化を図った。

▼「赤色テロル」　内戦期に共産党指導者に対するテロルに対抗しておこなわれたソヴィエト政府による抑圧措置。内戦が本格化するなかで共産党指導者に対する暗殺が相次ぎ、一九一八年八月にはレーニン自身も銃撃され負傷する事件が起こった。これに対して人民委員会議は九月、反共産党勢力によるテロ行為に「赤色テロル」をもって応えると宣言した。

▼コミッサール　代表者・委員の意。赤軍のコミッサールは、軍組織の政治指導の責任者を指す。旧帝国軍将校を指揮官に登用して戦闘能力の強化を図った赤軍では、旧軍将校に対する政治的監視のために、指揮官の命令に共産党員のコミッサールの副署が必要とされた。

じてトロツキーを批判した電報をレーニンに送り、トロツキー解任を要求した。トロツキーも翌日、レーニンに対してスターリンの召還を要求した。二人の対立は決定的なものになった。このときレーニンは最終的にトロツキーの側に立ち、スターリンは十二月にペルミに異動となった。

それでもレーニンは、スターリンの実務能力に信頼をおき、その後も彼を重要な戦線に派遣して問題の解決にあたらせた。一九一八年三月にボリシェヴィキ党から改称した共産党は、一九年三月の第八回党大会で中央委員会のもとに政治局・組織局・書記局の三部局を設置したが、このときスターリンは政治局員と組織局員に選出された。事実上の意思決定機関である政治局と党組織を管理し書記局を監督する組織局の双方の正規メンバーとなったことで、スターリンの政治的地位は大いに高まった。

スターリンはまた、一九年三月末に国家統制人民委員にも選出された。これは翌年二月に、国家行政の非効率や官僚主義を監視しこれと戦うことを課題とする労農監督人民委員部に改組された。彼は引き続き労農監督人民委員を兼務し、共産党と国家の行政機構に影響力を及ぼす地位に就いたのである。それでもスターリンは、レーニンはもとよりトロツキーに比べてもはるかに目立たぬ存在で、一般には無名に近い指導者だった。

内戦は最終的にソヴィエト政府側の勝利に終わり、フィンランド、ポーランド、沿バルト地方を除く旧ロシア帝国の統治領域を共産党が再統合した。内戦期にスターリンは、軍事専門家や「反革命分子」に対する過酷な抑圧を実践して共産党勢力の拡張に寄与し、批判を受けつつもその能力をレーニンに高く評価された。抑圧的措置に依拠したスターリンが例外的だったわけではなく、共産党全体が「革命の敵」との戦いのなかで暴力の行使を正当化したのであった。スターリンは、内戦の経験から多くを学ぶことができたのである。

②—レーニンの後継者

書記長スターリン

第一次世界大戦、一九一七年の混乱とそれに続く内戦のなかで、ロシア経済は極端に疲弊した。二〇年の農業生産は戦前水準の六割超にすぎず、工業生産にいたっては戦前の二割程度にまで落ち込んだ。民衆とりわけ農民の不満は頂点に達し、各地で農民反乱が起こった。ソヴィエト政府は二一年三月、穀物徴発を廃止して累進的な現物税を採用した。「新経済政策」(ネップ)と呼ばれるこの政策は、国家の管理下で経済の様々な領域に資本主義的要素を導入して、経済復興をめざす試みであった。

ネップへの移行前の一九二〇年十月にスターリンは、資本主義勢力に包囲されたソヴィエト・ロシアが「持ちこたえられる」前提条件について言及し、第一にロシアがはてしなく大きな国であるという地理的条件を挙げたのち、第二の条件を次のように説明していた。「それは、ロシアが国内にあらゆる種類の燃料、原料、食糧を豊富に産出する、世界でも数少ない国の一つであるという事情、すなわち燃料、食糧その他の点で外国に依存しない国、これらの点で外国をあてにしないでもやっていける国だという事情である」。スターリンのこの主張は、マルクス主義イデオロギーにとらわれない現実的な方針だった。

国家機関の運営に加えて、内戦のなかで党員数が増大して組織が拡大したことで、共産党の活動領域が飛躍的に拡大した。そこにネップへの移行に伴って、資本主義の包囲下での経済復興という新たな任務が共産党の双肩にかかってきた。共産党の日常業務を管轄した書記局では、業務量と職員数が急速に増加した。拡大した書記局を管理するため一九二二年四月に書記長職が新設されたとき、レーニンは、組織運営の才を高く評価していたスターリンを推薦した。こうしてスターリンは、初代の共産党中央委員会書記長の座に就いた。

もともと書記局は、党の意思決定に関与する政治局や党役員の人事管理をおこなう組織局の業務を支援する部局であり、書記長の任命も大きな意味を持つものとは考えられていなかった。書記長職が設置されたとき、具体的な任務として特に言及されたのは、政治局会議の議題設定と人事問題の決定であった。この時点で書記局が関与した人事案件は中級幹部レベルのものであったと考えられるが、すでに政治局員と組織局員を兼務していたスターリンは、さらに書記長として党内の多様な情報に日常的に接することを通じて、次第にその政治的影響力を増すことになったのである。

スターリンの書記長就任後の二二年五月、レーニンは脳卒中の発作で倒れ、モスクワ郊外での療養を余儀なくされた。このときには彼は健康を回復し、十月には政務に復帰することができた。スターリンはこの間、レーニンの静養先をしばしば訪問し、様々な問題について意見を交換しあった。二人の関係はきわめて良好で、緊密なものであった。

レーニンとの確執

しかしまさにこの間に、二人のあいだの意見の相違が顕在化していった。その一つが、ソヴィエト連邦の形成をめぐる問題である。共産党が統治するロシア連邦、ウクライナ、ベロルシア、▲グルジア、アルメニア、アゼルバイジャンの各ソヴィエト共和国のあいだの新たな関係をどうするかについて、二人の意見が対立したのである。

▼**ベロルシア**　現在のベラルーシのロシア語読みによる表記。日本では「白ロシア」とも表記された。

レーニンとスターリン（一九二二年八月）

五共和国

スターリンはこの問題について、五つのソヴィエト共和国がロシア連邦のなかの「自治共和国」を構成するという自治共和国化案を提唱した。これは、ロシア連邦内にあるソヴィエト共和国の共産党を、ロシア連邦内の州党委員会と同等に扱うと規定した一九一九年の共産党規約（ここではまずウクライナが想定されていた）に合致するものであった。これに対してレーニンは、建前上は独立国である五つのソヴィエト共和国がロシア連邦と同等の資格で国家連合を形成する、という修正案を提起した。

結局スターリンは、この修正案を受け入れて、自治共和国化案を取り下げた。しかし同時に、グルジア、アルメニア、アゼルバイジャンの三共和国をザカフカース連邦共和国という一つの国家単位にまとめて自律性をそぐとともに、中央集権的構造を維持するために、新たな国家連合を構成する各共和国の行政機構に制約を加える案を作成した。こうして一九二二年十二月末に、ザカフカース連邦を構成単位としてレーニンの国家連合案に基づいた新たな社会主義国家、ソヴィエト社会主義共和国連邦（ソ連）が誕生したのである。

これに先立つ一九二二年八月に開かれた第一二回共産党協議会は、新たな情勢に対応すべく一九一九年の党規約を改定した。共和国党委員会はここでも、ロシア連邦内の州党委員会と同等の扱いとされ、民族名を冠した党協議会も州協議会も同様にロシア共産党中央委員会に従属する、と明確に規定されていた。新生ソ連を構成するソヴィエト共和国は、自由な離脱の権利を留保すると規定されたが、共和国を統治する各国共産党が単一のロシア共産党の支部であれば、モスクワの意向から離れて連邦を離脱することは想定されなかった。こうしてソ連は、強固な中央集権国家に成長するのである。

レーニンとスターリンとの対立を招いたいま一つの事案は、外国貿易の国家独占をめぐる問題だった。スターリンは、ネップに対応して、外国貿易の独占を廃止しようと考えた。しかし、レーニンはこれに反対した。一九二二年十二月十三日、レーニンは二度目の発作に襲われたが、何とか党幹部に自身の意見を伝達した。同月十八日に開かれた党中央委員会総会は、レーニンの主張を受け入れて外国貿易の独占解除は見送られた。この総会は同時に、レーニンの健康状態を考慮して、彼と党幹部との接触について「同志スターリンが個人的に責任を負うこととする」決定を採択した。この決定はスターリンにとって大きな政治的武器となった。

　レーニンの妻クルプスカヤ▲が、外国貿易独占を支持するようトロツキーに依頼するレーニンの言葉を口述筆記して発送し、それをスターリンが知ったという有名な出来事が起きたのはこの頃のことである。十二月二十二日、スターリンは電話で、クルプスカヤの行動が党中央委員会決定に違反するものだと彼女を強く叱責し、恫喝《どうかつ》した。その同じ日に、レーニンは発作を起こして右半身の自由を失った。これ以後レーニンの活動は、短時間の口述に制限されてしまった。

　政治の表舞台から身を引いたレーニンは、自らの後継者と想定される人々についての評価を残そうと考え、「大会への手紙」の名で知られる文章を口述した。そこでは、トロツキーと並んでスターリンに多くの言及がなされていた。レーニンは当初、「同志スターリンは、書記長となって、その手中に無限の権力を集中した。私は、彼が常に十分慎重にこの権力を行使しうるかどうか確信が持てない」と述べて、スターリンをやんわりと批判していた。しかし、レーニンのスターリン評価は次第に厳しさを増し、「スターリンはあまりに粗暴で

▼ナジェジダ・コンスタンチノヴナ・クルプスカヤ（一八六九〜一九三九）　ロシアの革命家・政治家・教育学者でレーニンの妻。ペテルブルクで貧しい貴族の家庭に生まれ、ベストゥージェフ女子高専を卒業後は教育活動に従事しながら革命運動に参加した。一八九六年に逮捕され、九七年にシベリアの流刑地でレーニンと結婚した。その後レーニンを支えて革命運動に従事し、十月革命後は教育人民委員代理（次官）となって教育行政を進めた。教育分野で多くの著作を残したほか、回想録『レーニンの思い出』を書いた。

ある。そしてこの欠点は、われわれ共産主義者のあいだやその付き合いにおいては十分許容できるものであるが、書記長の職務にあっては許容できないものになる」と述べて、スターリンの書記長解任を提案するにいたった。

レーニンが、妻クルプスカヤに対するスターリンの振る舞いを知ったとき、決定的な決裂が訪れた。二三年三月五日、レーニンはスターリン宛の手紙を口述し、クルプスカヤに浴びせた暴言を非難して、「あなたが言ったことを取り消して謝罪することに同意するか、それとも私たちの関係を断つほうを選ぶのか、よく考えてください」と迫った。

三月七日にこの手紙を受け取ったスターリンが書いた返事は、形式的な謝罪で応える冷ややかなものだった。「それでもなお、「関係」を維持するために、私が言った言葉を取り消さなければならないとあなたがお考えなら、取り消してもかまいません。しかし、何が問題なのか、どこに私の「罪」があるのか、本当のところ私に何が望まれているのか、を理解するのはお断りです」。これは、自信をつけたスターリンからの決別宣言であった。

レーニンがこの手紙を読むことはなかった。この間に病が急速に進行し、三

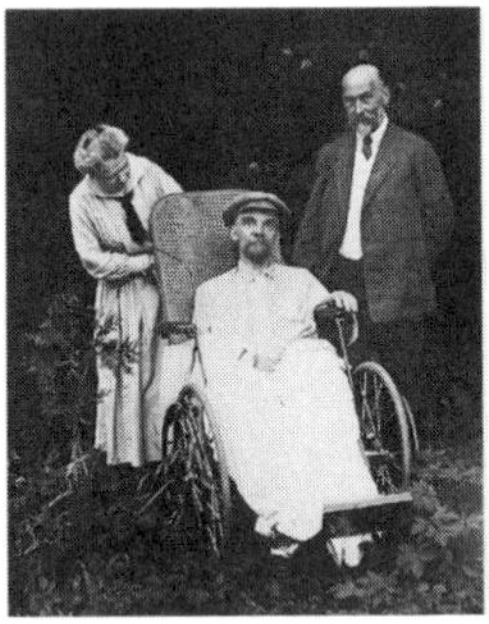
レーニン最晩年の写真（一九二三年）

月十日には大きな発作が彼を襲って、意思疎通の能力を彼から奪ってしまったのである。あらゆる政治活動から隔離されたレーニンは、言語習得の努力もむなしく、二四年一月二十一日に息を引き取った。

一国社会主義論

一九二三年三月にレーニンが大きな発作で倒れてから、彼の後継者をめぐる水面下の暗闘が本格化した。最初に攻撃対象とされたのは、一九一七年にようやくボリシェヴィキとなったトロツキーだった。内戦の英雄トロツキーは、当時の共産党のなかではレーニンに次ぐ名声を博した人で、特に軍隊と若者のあいだで幅広い支持をえていた。しかし共産党指導部内では、彼は新参のボリシェヴィキで、その政治的影響力はレーニンの支持によるところが大きかった。古くからのボリシェヴィキでレーニンの周囲にいたジノヴィエフ、カーメネフ、スターリンの三人は、トロツキーを排除すべく「トロイカ」（三人組）を形成した。彼ら三人は、あらかじめ合意を形成したうえで政治局会議に臨んだ。政治局会議でトロツキーは、彼らの結論に意見を求められるだけとなった。

一九二四年一月にレーニンが死去したのち、クルプスカヤとトロツキーはレーニンの遺書となった「大会への手紙」を公表することを求めた。しかし主だった党指導者たちは、自身にとって不都合な叙述に満ちたその文章の公表を拒んだ。スターリンの書記長解任問題も沙汰止みとなり、「大会への手紙」は長く封印されることになった。

　レーニンの死後、彼の後継者争いが表面化した。トロイカによるトロツキー攻撃は激烈なものとなった。これに対してトロツキーも、トロイカに対する反撃を展開した。二四年十一月、トロツキーが著作集の序文として書いた論文「十月の教訓」▲が公表されると、両者の論争は急速に激しさを増し、泥仕合の様相を呈するようになっていった。スターリンの「一国社会主義論」は、この反トロツキー闘争の高まりのなかで、トロツキーの革命論を批判するものとして登場したのである。

　一九二四年四月末の論文「レーニン主義の基礎について」のなかでは、スターリンはまだ一国における社会主義建設の可能性を明言することを躊躇《ちゅうちょ》して、次のように述べていた。

▼**「十月の教訓」**　トロツキーが一九二四年九月に執筆し、自身の著作集第三巻への序文として発表した論文。トロイカと政治闘争を展開していたトロツキーはこの論文で、一九一七年のボリシェヴィキ指導者の態度を辛辣に批判し、特にジノヴィエフとカーメネフが武装蜂起に反対したことを非難して彼らを激怒させた。この論文の発表後にトロイカは、過去にレーニンと対立していた時期のトロツキーの主張を引き出してレーニンとの相違を強調しつつ、トロツキーに対する容赦ない攻撃を開始した。

しかし、ブルジョアジーの権力を倒して、一国でプロレタリアートの権力を樹立しただけでは、まだ社会主義の完全な勝利を確保したことにはならない。……社会主義の最終的勝利のためには、社会主義的生産の組織化のためには、一国の、ことにロシアのような農民国の努力だけでは不十分である。

しかし、同年十二月の論文「十月と同志トロッキーの永続革命論」は、彼がトロッキーの路線と措定したものを攻撃しつつ、社会主義建設のあり方に新たな解釈を加えていた。

一国における社会主義の勝利は——たとえその国が資本主義的にあまり発展していない国であり、他の諸国には資本主義が維持されていて、しかもこれらの国が資本主義的にもっとよく発展している国である場合でさえも——まったく可能であり、また予想される。

トロッキーの「永続革命論」を否定して自らの主張をレーニンの理論と結合する過程でスターリンは、「資本主義的にあまり発展していない」ロシアでも、「一国における社会主義の勝利」すなわち社会主義的生産の組織化が可能である、と断言するにいたった。ここに「一国社会主義論」が出現した。

その後、二五年五月にスターリンは、「われわれは社会主義を建設し遂げることができる。そしてわれわれは、労働者階級の指導のもとに、農民と手を携えて、社会主義を建設し遂げるであろう」と宣言した。それ以後、前年に刊行した『レーニン主義の基礎について』の叙述(二四年四月の同名論文の先の引用部分)を、「自分の権力を固め、農民を指導することによって、勝利した国のプロレタリアートは社会主義社会を建設することができるし、建設しなければならない」と書き改め、さかのぼって論旨を修正したのである。

一九二六年一月にスターリンが発表した論文「レーニン主義の諸問題について」は、それまでに精緻化された彼の一国社会主義論を、簡潔なかたちで提示していた。

一国での社会主義の可能性とは、どういうことか。

それは、わが国の内部の力で、プロレタリアートと農民とのあいだの矛盾を解決することができるということであり、他の国々のプロレタリアたちの共感と支持を受けていれば、他の国々でのプロレタリア革命の勝利があらかじめなくとも、わが国でプロレタリアートが権力をにぎって、その権力を完全な社会主義社会を建設し遂げることに利用できるということである。……このような可能性を否定することは、社会主義の建設の大義を信じないことであり、レーニン主義からの逸脱である。

同時に彼は、いくつかの国で革命が勝利しなければ外国の軍事干渉の危険性はなくならないという観点から、「一国で社会主義が完全に、かつ最終的に勝利すること」は不可能である、と慎重に留保をつけた。こうして、ソ連が一国社会主義の路線を追求することと、コミンテルン▲を通じて世界の革命運動を支援することが矛盾しないように配慮した。

一国社会主義論は、マルクス主義理論というよりはむしろ、スターリンが志向する政治路線をレーニンからの断片的引用によって正当化した、現状肯定の理論であった。それはまた、本格的な工業発展の道に立った後発工業国ソ連の指導者が、自国の利益を中心に据えて資本主義諸国の包囲に耐えうる強国を建設することを、マルクス主義の用語を用いて宣言したものであった。それゆえに一国社会主義論は、一般共産党員のあいだで広く受け入れられるようになっ

▼コミンテルン　一九一九年に創設された共産主義インターナショナルの略称。別称第三インターナショナル。国際共産主義運動の組織化をめざしたロシア共産党が、一九年三月に創設。二〇年の第二回大会では二一カ条の加入条件を定め、鉄の規律と中央集権的組織に基づいた世界革命の指導機関として機能した。レーニン死後、コミンテルンの政治路線は次第にソ連政治への従属を強めていった。社会民主主義を主敵と措定した二〇年代末の「社会ファシズム論」や、三五年の第七回大会で採択された反ファシズムの「人民戦線」路線など、コミンテルンの方針は世界の共産主義運動に多大な影響を与えたが、第二次世界大戦中の四三年五月、スターリンにより解散された。

▼ニコライ・イヴァノヴィチ・ブハーリン（一八八八〜一九三八）　ロシアの革命家・政治家。モスクワの教師の家庭に生まれる。一九〇五年にロシア社会民主労働党に入党し、ボリシェヴィキに属した。一一年に逮捕されたが、流刑地を脱走してウィーンに亡命し、マルクス主義理論家として頭角をあらわした。十月革命後は党機関紙『プラウダ』編集長となり、二〇年代には農業復興を通じた漸進的な社会主義建設を主張した。二〇年代末にスターリンとの政治闘争に敗れて失脚したが、三四年に政府機関紙『イズヴェスチヤ』編集部に復帰した。その後三七年に逮捕、三八年に第三次モスクワ裁判で有罪判決を受けて処刑された。

たのである。

権力闘争

一九二五年一月にトロツキーが軍事人民委員を辞任すると、水面下でスターリンと対立していたトロイカは分裂した。ジノヴィエフとカーメネフは新たな反対派を形成して、書記長スターリンへの権力集中を批判しはじめた。スターリンは、ネップの支持者であった党理論家ブハーリン▲の協力をえて、主流派の立場を確保した。スターリンとブハーリンは、一国社会主義論に沿ったネップの路線を進め、漸進的な工業化を追求する方針をとった。これに対してジノヴィエフとカーメネフは、ネップによって生じた様々な矛盾を指摘しつつ、一国社会主義路線を批判して、重工業建設を要求した。しかし、党組織を掌握したスターリンは、ジノヴィエフとカーメネフの組織的基盤を巧みに切り崩していった。

ジノヴィエフとカーメネフは、一度は排斥したトロツキーと連合して、一九二六年夏に「合同反対派」を形成した。この新たな反対派は、一国社会主義論に始まり内政、外交のあらゆる領域で、スターリン・ブハーリン主流派の進めるネップ路線を厳しく批判した。特に経済政策では反対派は、かつてトロツキーが主張した、農業で生み出される資金を用いた急速な重工業化路線を主流派の工業化政策に対抗させて、政策論争を展開した。

合同反対派の活動は一九二七年まで続いたが、党員大衆を統合した主流派に対抗する力を持ちえなかった。反対派の活動は共産党の統一を乱す「分派活動」であると非難され、二七年十月にトロツキーとジノヴィエフは共産党中央委員会から追放された。翌十一月、二人は共産党からも除名された。さらにトロツキーは二八年にアルマ・アタに流刑に処されたのち、翌二九年には国籍を剥奪されて国外追放処分となった。

この間に、ソ連経済は転機にさしかかっていた。国家による穀物調達が市場を介しておこなわれていたため、農民は徐々に、少しでも有利な時点で穀物を販売するようになったのである。その結果、政府が穀物買い付け価格を低く抑えたままで穀物調達の目標を完遂することは、次第に困難さを増しつつあった。

国家の穀物調達をさらに困難にしたのは、中国の革命運動▲をめぐって生じた

▼中国の革命運動　中国国民党指導者の孫文は、コミンテルンから派遣された政治顧問ミハイル・ボロディンの勧めを容れて一九二四年に中国共産党との提携を実施し（国共合作）、国民革命をめざした。孫文の死後には民族運動や労働運動も急速に高揚し、二五年七月には国民党が革命政権として広州で国民政府を設立した。国民政府は、ソヴィエト軍事顧問の支援をえて二六年七月に軍閥政権打倒のための北伐を開始し、勢力を拡大した。国民革命の進展は、上海を中心として中国に利害関係を有したイギリスにとって脅威となり、国民政府を支援するソ連とイギリスとの関係の悪化を招く要因となった。

イギリスとの関係悪化と、その延長上に起こった一九二七年五月の英ソ国交断絶であった。英ソ関係の急速な悪化は、両国間の戦争の噂《うわさ》を引き起こした。戦争の脅威は、国防力の充実の必要性をスターリン主流派に強く認識させた。こうして、軍需産業を支える工業力の急速な拡大が、喫緊の課題となっていった。

共産党は二七年十二月の第一五回共産党大会において、経済発展五カ年計画の作成を指示し、急速な重工業化路線に踏み出した。国際的孤立のなかで、穀物輸出によってえられた外貨で機械や技術を輸入していたソ連では、穀物調達量の確保が不可欠だった。しかし、戦争の噂が広がるなかで、農民は穀物の市場販売を控えるようになっていた。こうして二七年末に、政府の穀物調達はかつてない困難に逢着したのである。

③—スターリンの「上からの革命」

「上からの革命」とはなにか

一九二〇年代末から三〇年代初頭のソ連は、「上からの革命」という言葉で特徴づけられている。この言葉は元来、スターリンも編纂に参加して一九三八年に刊行された『全連邦共産党（ボリシェヴィキ）歴史小教程』のなかで、スターリン自身が農業集団化の特徴をあらわす言葉として用いた表現であった。農業集団化が推進された時期のソ連はまた、急速な重工業化と、これらの変革によって引き起こされた社会構造の変化も同時に経験した。そこからこの時期の転換全体が「上からの革命」と概念化されるようになったのである。

スターリンは『歴史小教程』のなかで、農業集団化を次のように表現した。これは最も重大な革命的変革、社会の旧来の質的状態から新たな質的状態への飛躍であり、その結果において一九一七年十月の革命的変革に匹敵するものであった。

この革命の特色は、それが国家権力のイニシアティヴで「上から」おこなわれたことであり、自由なコルホーズ▲生活のためにクラーク（富農）の隷属と闘う数百万の農民大衆からの「下からの」直接的支持のもとでおこなわれたことである。

一九二七年十二月の第一五回共産党大会は、コルホーズの組織化を通じた農業経営の社会化の方針を採択したが、この時点では、農業集団化は明確な指針を持つ具体的な政策課題というよりも、長期にわたって追求すべき方向性を提示したものだった。スターリン自身この大会では、「行政命令的措置によって、政治警察▲を介して」クラークを片づけるのは誤りで、クラークに対しては「経済的措置によって、しかもソヴィエト的合法性に基づいて」打ち勝つべきだと語っていた。

しかし実際の農業集団化は、経済発展五カ年計画の実現に向かう状況のなかで、穀物調達問題と連動して発進することになるのである。

穀物調達危機

共産党政治局は、一九二七年末に明らかになった穀物調達の極度の不振を

▼コルホーズ　ソ連の集団農場で、「集団的経営」を意味するロシア語の略称。農民が自発的に組織して共同経営をおこなう団体と定義され、共同の生産手段と集団的労働で農業経営を実践した。このコルホーズを建設する事業が農業集団化であった。

▼政治警察　一般に、反体制活動の取り締まりと治安維持とを主な任務とした警察組織を指す。ソ連では、一般警察業務を管轄する「民警」（ミリツィヤ）とは別に、十月革命直後の一九一七年十二月に「反革命・サボタージュ取締全ロシア非常委員会」（チェカー）が組織された。これは二二年に国家政治保安局（ゲ・ペ・ウ）、二三年には統合国家政治保安局（オ・ゲ・ペ・ウ）へと改組され、体制に反対する勢力や知識人、農民の抑圧に従事した。三四年に内務人民委員部に統合された。

「危機」ととらえた。二八年一月五日に政治局は、「あらゆる支払いの未納分の徴収に際して厳格な懲罰を、なによりもまずクラーク層に対して、ただちに適用すること」を通じた穀物調達の厳格な遂行を地方党組織に指令した。この指令は、党組織に対して穀物調達の行政責任を負わせたもので、党組織が権力機関として行動することを正当化することになった。

富農を意味する「クラーク」は、本来は農民層のなかで経済的に豊かな農民をあらわす用語だったが、ソヴィエト政権下では資本家的農民と同義に扱われた。そして穀物調達危機が起こったとき、資本家的農民であるクラークが、利益をえるために穀物供出を控えたことがその原因であると説明された。スターリンは二八年一月十四日、「投機業者とクラークがソヴィエト政権の敵」であり、調達強化のために「投機業者、クラーク、その他市場と価格政策の破壊者を逮捕することが必要である」と命じた中央委員会指令に署名した。

こうして穀物調達方法は、穀物買い付け公定価格を操作して農民から購入する経済的方法から、行政的圧力を用いた「非常措置」と呼ばれる強制的方法へと、大きく転換した。穀物調達の遂行を督励するために、モスクワから党指導者が「全権代表」として穀物生産地に派遣された。一月十五日には、スターリン自ら全権代表として、主要な穀物生産地であるシベリアに向けて出発した。

非常措置の核心をなした行政的圧力は、ロシア共和国刑法第一〇七条を穀物調達に適用することだった。この条項は、商品価格を不当に吊り上げる悪質な「投機行為」に対する刑事罰規定で、本来は農民の生産物供出を対象に想定したものではなかった。穀物調達を指揮すべく赴いたシベリアで、同地の地方党会議に出席したスターリンは、調達強化に刑法第一〇七条を用いることを正当化し、「大量の穀物」を退蔵する「クラーク」を同条項の適用対象とするよう主張した。クラークに対する圧力行使は、農民に対する大きな威嚇となり、非常措置は調達目標の達成に大きな効果を発揮した。

当然ながら、非常措置は農民のあいだに共産党・政府に対する大きな不満と不信を引き起こした。非常措置を用いなければ、農民は低い公定価格で穀物を供出しなくなった。そのため、調達目標を完遂するには、非常措置を繰り返し用いなければならなくなった。それに伴って、行政的圧力の水準が次第に高まり、非常措置の適用対象は、公定価格での穀物供出を拒む農民全体へと拡大された。

一九二八年秋以降、穀物生産地だったウラル地方とシベリア地方で、農村共同体が村の集会の決議に基づいて穀物供出を実施するという、「ウラル・シベリア方式」と呼ばれる方法が用いられはじめた。これは農民との合意に基づく調達方法とされたが、その実態は行政的圧力を用いて村集会で穀物供出量を承認する決議を採択させるもので、共同体の意思決定というかたちをとった国家的強制であった。この新しい方法は穀物調達に効果を発揮したため、翌二九年六月には法制化されて全国で実践された。

このウラル・シベリア方式は、党上級組織から派遣された党活動家の全権代表によって実行された。全権代表は現地機関に代わって、穀物調達という国家的課題に従事した。その過程で全権代表は、末端の行政機関である村ソヴィエトに代わって農村行政の権限を行使した。こうして共産党は、国家機関に代わって権力主体として行動することになったのである。このことは、共産党の「国家化」を引き起こし、共産党の指導的人物を国家指導者ととらえる観念を生み出すことにつながった。

工業化の発進

一九二〇年代後半のソ連では、機械や技術を外国から輸入して生産を合理化し、工業の内部蓄積を高めて工業化の資金を生み出す方針がとられていた。しかし、生産合理化の基礎を輸入に依存するこの方針には限界があり、それゆえ労働力の効率的利用を強化せざるをえなかった。その結果、生産現場では労働者に対する圧力が強まった。さらには生産現場での保安規則も軽視される傾向が強まり、各地で労働災害が多発した。こうした事態に、労働者は強い不満を感じるようになっていた。

生産現場の緊張が高まるなかで、一九二八年三月、ドンバス▲地方のシャフトゥイ管区において、鉱山技術者による「反革命妨害活動」の摘発が公表された。「シャフトゥイ事件」と呼ばれるこの出来事は、帝政時代から働いている「ブルジョア専門家」の鉱山技術者が、亡命した旧鉱山主と結んで「反革命陰謀組織」をつくり、機械や坑道を破壊して石炭業の発展を故意に妨害したとされた事件である。

▼ドンバス　ドネツ盆地をあらわすロシア語で、東ウクライナからロシア南東部に広がるドネツ炭田地帯を指す言葉としても用いられる。シャフトゥイ事件の起こったシャフトゥイ管区は、行政的にはロシア共和国北カフカース地方に属したが、経済的にはウクライナ共和国のハリコフに中心のあるドン石炭トラストの指揮下にあり、組織的指導にはなじみにくい地域であった。

一九二八年二月末に共産党政治局は、この事件について審議し、事件を裁判にかけて審理することを決定した。さらに政治局は、この事件の公表や裁判にあたる司法機関の指導についても取り決めた。こうして一地方の事件が、党政治局の管轄下におかれて、全国的な大事件とされたのである。この事件は、極端な合理化を強いられた生産現場で発生した事故や生産不履行を「ブルジョア専門家」の「反革命的妨害行為」として説明し、蓄積した労働者の不満の解消にも利用するために捏造《ねつぞう》された事件と考えられている。

政治局ではシャフトゥイ事件の扱いをめぐって意見の相違があったようだが、スターリンはこの事件に大きな意義を与えた。二八年四月の演説でスターリンは、この事件を「ブルジョア専門家による反革命妨害活動」であり「反ソ資本主義組織の経済的干渉」であると規定した。そして彼は、ソ連が社会主義的政策を進めるほどに「反革命勢力」の抵抗が強まるという「階級闘争の尖鋭化」論を主張した。

この事件を利用してスターリンは同年五月、政治的に信頼できない「ブルジョア専門家」を排除して、ソヴィエト政権下で教育を受けた若い「プロレタリア的な専門家」を登用する方針を打ち出した。さらに彼は、この事件が「階級敵」の存在を示すものであり、「階級敵に対する戦闘準備を高める」必要があると強調した。こうしてスターリンは、「階級敵」に対する大衆の警戒心をあおりつつ、工業建設に大衆を動員する路線を推し進めた。

さらにスターリンは二八年七月、資本主義の包囲下にあるソ連では「国内の蓄積によって」工業化を進める以外の方法はなく、そのためには「農民に対する追加的な税金」が不可避だと主張した。彼はこれを、帝政ロシアの農奴が負担した「貢租」▲という言葉を用いて表現した。ここにおいてスターリンは、工業化の資金を農民に負担させることを明らかにしたのである。

一方、経済計画の作成は、一九二〇年代後半以降徐々に進められていたが、急速な工業化が既定路線となるなかで、急テンポの工業成長をめざす経済計画を求める動きが強まった。これに対して経験を積んだ技術者や経済専門家は、技術的・経済的観点から、過度に急テンポの工業化に反対した。しかし、スターリンが提起した「ブルジョア専門家」排斥の動きのなかで、これら慎重な専門家は排除されていった。こうして五カ年計画案は、高い目標設定を至上命題

▼「**貢租**」　農奴制下のロシアで、領主地の農民が領主に対して負担した義務の一種。農民は耕作のための分与地を受け取る代わりに、農作物や手工業生産物などを領主に納める貢租のほか、領主地での農作業などの労働に従事する賦役の義務を負った。貢租は現物納入のほかに、生産物の換金や出稼ぎの貨幣所得による金納もおこなわれた。

とする状況のなかで作成された。

第一次五カ年計画案は、二九年四月に正式に承認されたが、その実施は一九二八年十月にさかのぼると規定された。正式に採択された計画案は、非常に高い成長目標を設定した野心的なものであった。労働生産性の低さは、大量の労働者を工業建設につぎ込むことで補完された。こうして、工業化のテンポの強調と「階級敵」との闘争を通じた大衆動員に依拠した、スターリン型工業化戦略ともいえる特殊な工業化が推進されたのである。

急テンポの工業化の強行は、労働環境や生活条件の急激な悪化を招き、労働者の実質賃金も低下した。劣悪な環境での労働を強いられた労働者は、それでも共産党の進める急速な工業化に熱狂をもって応えた。第一次五カ年計画は、成長目標を超過達成する大成功を収めたと宣伝された。もとより公式発表が示したような華々しい成果が実際に達成されたわけではなかったが、それでも非常に高い経済成長率が実現されたことは確かであった。

ここで遂行された急速な重工業化は、ソ連を巨大な工業国家に浮上させた工業のインフラストラクチャーをつくりだすことを可能にした。また、この過程を通じて市場メカニズムは消滅し、代わって中央からの行政的指令と統制が国有化された生産手段を管理する新たな経済システムが出現した。こうしてスターリンのもとで、ヨーロッパ資本主義諸国の経済制度とは大きく異なる「指令経済」体制が出現したのである。

農業集団化

元来は長期的な課題と位置づけられていた農業集団化は、穀物調達危機の解決を模索するなかで、その位置づけが次第に変化した。早くも一九二八年五月にスターリンは、穀物調達問題の解決と農業集団化を結びつける立場を打ち出した。彼は、「コルホーズとソフホーズ▲がより速いテンポで発展する」ことが非常措置の必要性を解消すること、すなわち穀物問題の解決の条件であると主張したのである。

スターリンが提起したこの方針は、農民の自発性に基づいた集団農場形成という共産主義者の理念とは相容れないものだった。しかし、深刻化する穀物問題は、スターリンが提起した方針が共産党内で広まることを容易にしたのであ

▼**ソフホーズ**　ソ連の国営農場で、「ソヴィエト経営」を意味するロシア語の略称。コルホーズが生産手段を集団化した農民によって組織された団体であるのに対し、ソフホーズで働くのは賃金の支払いを受ける農業労働者であった。

る。こうしてソ連の農業集団化は、穀物調達問題の解決の方法として展開されることになった。

農業集団化が穀物調達の延長上に実施されたため、集団化の方法もまた、穀物調達の実践方法によって進められた。すなわち集団化は、農村共同体の意思決定というかたちをとりつつ、村ぐるみでコルホーズに加入する「全面的集団化」の形態をとったのである。二九年十一月の十月革命記念日に発表した論文でスターリンは、ソ連農業において「小規模の遅れた個人農経営から、大規模の先進的な集団農業へ、土地の共同耕作へ」の根本的な転換が起こった、と述べて、「コルホーズ建設の空前の成功」を称賛した。

しかし農民は、強制的な穀物調達や集団化に強く抵抗した。これに対してスターリンは、二九年十二月に「階級としてのクラークの清算」を宣言し、体制に抵抗する農民をクラークとして強制的に排除する方針を打ち出した。この方針を実行すべく、翌三〇年一月三十日付政治局決定▲が採択され、次いで二月二日にはオ・ゲ・ペ・ウ命令第四四／二一号が発せられて、弾圧されるべき農民と抑圧の方法が定められた。強制の行使の結果、二九年中頃には数パーセント

▼**政治局決定**　一月三十日付政治局決定は、弾圧されるべき農民を三つのカテゴリーに分類し、第一の「積極的な反革命活動分子」は強制収容所への収容、第二のクラーク積極分子は遠隔地への追放、第三の「地区内に残るクラーク」はコルホーズ外の割当て地への移住、と抑圧措置を定めるとともに、弾圧対象者の概数を定めた。この決定を受けたオ・ゲ・ペ・ウ命令第四四／二一号は、第一および第二カテゴリーの弾圧対象者を具体的に明示し、オ・ゲ・ペ・ウ代表、党機関代表、検察機関代表の三者から構成される「トロイカ」による裁判外審理の実施をオ・ゲ・ペ・ウ機関に命じた。

であったコルホーズ加入農家の割合は、三〇年三月には五〇パーセント以上に上昇した。しかし他方で農民は、集団化の強行に対して新たな蜂起をもって抵抗を試みた。三〇年最初の三カ月間で、農民の「大衆行動」は約八〇〇〇件に上ったという。これは農民と共産党・国家との戦争であった。

抵抗の強さを知ったスターリンは、三〇年三月に「成功による幻惑」と題した論文を発表し、集団化の強行に行き過ぎがあったことを認め、強制の緩和を示唆した。この論文は、すでにコルホーズに加入した農民たちのコルホーズからの脱退を引き起こした。しかしスターリン指導部の集団化方針は変わらず、同年秋から再び集団化が強行され、三二年には集団化は基本的に完了した。この年、ソ連全土で二一万のコルホーズを数えるまでになり、農民の六〇パーセントがコルホーズに統合された。

農業集団化を通じて、伝統的な農村共同体は解体された。「クラーク清算」は、農業経営を中心的に担っていた農民を農村から奪い取った。クラークとして収容所に送られたり僻遠の地に強制移住させられたりした農民は数百万に上り、くわえて多数の農民が自ら農業を放棄して都市に向かった。農業労働力の流出を防ぐため、三二年十二月には国内旅券制度▲が導入され、農民は移動を制限された。

　穀物調達と集団化で疲弊した農村を、天候不順が襲った。一九三二〜三三年には大規模な飢饉《ききん》が発生した。飢饉に見舞われたドン川流域北カフカースの農村に住んでいた著名な小説家ショーロホフ▲は三三年四月、スターリンに手紙を書いて穀物調達の激烈さを訴えた。これに対してスターリンは、穀物調達にあたる全権代表の誤りよりも、農民が「ストライキとサボタージュ」をおこなっていることのほうが問題であり、農村では「生死をかけた戦い」が展開されているのだ、と小説家をたしなめた。

　スターリンは、飢饉にひるんで穀物調達の手を緩めることはなく、工業化の資金調達のために穀物輸出を推し進めた。このことは、飢饉の被害を一層深刻なものにした。犠牲者の数は数百万に上るといわれる。工業化の達成は、ロシア農民の多大の犠牲の上に築き上げられたのである。

▼国内旅券制度　一九三二年十二月二十七日付人民委員会議・中央執行委員会決定により、ソ連国内の移動に旅券(パスポート)の所持が義務づけられた。国内旅券は都市住民やソフホーズ労働者らには交付されたが、コルホーズ農民には発給されず、彼らの国内移動は厳しく制限された。三二〜三三年に穀物生産地帯で発生した飢饉のために農民が都市へ逃亡する事態が発生し、これに対処すべく農民の移動制限の目的で導入されたのが、この制度であった。

▼ミハイル・アレクサンドロヴィチ・ショーロホフ(一九〇五〜八四)　ソ連の作家。南部ロシアのドン地方のヴョーシェンスカヤ村で商人の家庭に生まれ、内戦期には共産党側に参加してドン地方を転戦した。その後は創作活動に従事し、郷里に題材を求めてドン・カザーク社会の変遷を描いた『静かなドン』や、農業集団化を描いた『開かれた処女地』を発表して名声を高めた。一九六五年にはノーベル文学賞を受賞した。

▼アレクセイ・イヴァノヴィチ・ルイコフ(一八八一〜一九三八)　ロシ

アの革命家・政治家。サラトフの農民家庭に生まれる。カザン大学に入学したが、ロシア社会民主労働党に入党してボリシェヴィキに属し、革命家の道を歩んだ。一九二四年、レーニン死後に人民委員会議議長に就任したが、二〇年代末にはスターリン主流派との闘争に敗北し、ブハーリンとともに失脚した。三七年に共産党を除名されて逮捕され、三八年にブハーリンとともに公開裁判で有罪判決を受けて処刑された。

▼**ミハイル・パヴロヴィチ・トムスキー**（一八八〇〜一九三六）　本名エフレモフ。ロシアの革命家・政治家。ペテルブルク近郊の都市住民の家庭に生まれ、一九〇四年にロシア社会民主労働党に参加し、ボリシェヴィキに属した。十月革命後は一九年に中央委員、二一年に組織局員、二二年に政治局員に選出された。労働組合の指導者として知られ、二二年から全連邦労働組合中央評議会議長を務めたが、ブハーリン、ルイコフとともにスターリンと対立して解任された。三六年八月の第一次モスクワ裁判で名前が挙げられた直後、拳銃で自殺した。

権力の高みへ

一九二八年初頭に非常措置が実施され、農民に対する抑圧が明らかになると、非常措置の否定的側面を問題視するブハーリンら「穏健派」と、非常措置が穀物調達に効果を発揮したことを評価するスターリンら「急進派」とのあいだに亀裂が生じた。この対立は、早くも同年四月の中央委員会総会で顕在化した。同年七月の中央委員会総会では、ブハーリン、ルイコフ▲、トムスキー▲らが、工業化のテンポの引き上げと農民への圧力の高まりに反対してスターリン主流派に対抗し、両派の対立は次第に深刻なものになった。

急速な重工業化路線に反対するブハーリンは同年九月、論文「経済学者の覚書」を発表した。彼は、農業と工業の経済的均衡を破壊する急進的工業建設計画を批判し、工業化のテンポを上げるべきではないと主張した。これに対して党中央委員会十一月総会で反論したスターリンは、急テンポの工業化に反対し穀物問題の解決に集団農場が果たす役割を過小評価する態度を「右翼的偏向」と批判し、ブハーリンらの主張を攻撃した。急速な工業化の進行のなかで、ブハーリンら穏健派の主張は影響力を失っていった。

一九二九年一月、ブハーリンは「レーニンの政治的遺言」と題する論文を発表し、最後の反撃に出た。これに対して二月にスターリンは、ブハーリンら三人の指導者を名指しで批判し、両者の直接対決が鮮明になった。続く四月の中央委員会総会でスターリンは、「右翼的偏向」についての報告に立ち、「右翼偏向との闘いを放棄することは、労働者階級を裏切ること、革命を裏切ること」だと述べて、「右派」グループを糾弾した。この総会は、ブハーリンを党機関紙『プラウダ』編集長とコミンテルン議長から、トムスキーを労働組合指導者からそれぞれ解任することを決定した。

「反右派闘争」はその後も続き、同年十一月の中央委員会総会では、ブハーリンが政治局員から解任された。ルイコフとトムスキーは当面その地位を保持したものの、すでに発言力を失っていた。スターリンは、事実上の意思決定機関である政治局を掌握した。こうして、一九二〇年代最後の反対派であった「右翼反対派」はスターリンの前に敗北した。これ以後、スターリン主流派に対する公然たる反対派グループはあらわれなくなった。

一九二九年十二月二十一日、スターリンは五〇回目の誕生日を迎えた。のちのスターリン賛美には程遠いものだったが、その端緒はここにあらわれた。当日の『プラウダ』紙は、彼のために大半の頁を割き、彼の事績を称揚する記事を掲載した。同紙の描くスターリンはいまや、「マルクスとレーニンの事業の忠実な継承者」で「プロレタリア党の首領」であった。

　政治局では指導権を手中にしたものの、スターリンはまだ中央委員会を思い通りに動かすことはできなかった。農業集団化の遂行に責任を負っていた地方党委員会書記や急速な工業化の現場に立っていた国営企業管理者から構成されていた中央委員たちは、スターリンの強権的な政治指導に不満を抱いていたのである。

　スターリンの極端な集団化路線を批判した人々のなかに、スターリンに抜擢されてロシア共和国人民委員会議議長となっていたスィルツォフ▲と、ザカフカース地方党委員会書記の要職にあったロミナッゼ▲がいた。三〇年十月に彼らは摘発され、同年十二月には二人は党を除名されて、彼らの周囲に集った人々も排除された。

　この「報復措置」は、中央委員会にくすぶる不満を抑えることはできなかっ

▼**セルゲイ・イヴァノヴィチ・スィルツォフ**（一八九三〜一九三七）　ロシアの革命家・政治家。ウクライナのエカチェリノスラフの職員家庭に生まれ、一九一三年にロシア社会民主労働党に入党した。十月革命後は地方党委員会書記などを経て、二九年にロシア共和国人民委員会議議長となった。三〇年には強引な農業集団化を批判して反対派の組織化を企てたが、未然に察知したスターリンによって共産党を除名された。三七年四月には逮捕され、同年九月に銃殺刑に処せられた。

▼**ヴィッサリオン・ヴィッサリオノヴィチ・ロミナッゼ**（一八九七〜一九三五）　グルジアの革命家・政治家。グルジアの教師の家庭に生まれ、一九一三年にロシア社会民主労働党に入党した。十月革命後はグルジアやアゼルバイジャンで活動したのち、二五年からコミンテルンで活動した。三〇年にはザカフカース地方党委員会第一書記となったが、農業集団化の方法を批判してスィルツォフらと結んだため、同年末には解任された。三五年一月、拳銃で自殺した。

た。農業集団化を批判して一九三〇年に党を除名されたリューチン▲が、スターリンの政治指導を厳しく批判した「リューチン綱領」を作成し、これが党内で回覧されて議論されていたことが、三二年秋に暴露された。このときには二四名の党員が除名された。さらに三二年末から翌年にかけて、旧反対派を支持した多くの人々が「反党行為」のかどで除名された。ちなみに、スターリン夫人のナジェージダが、二人の子どもを残して自殺した▲のは、スターリンの暗闘が展開されていた三二年十一月であった。

こうしてスターリンの政治指導に不満を持つ人々は、その活動を本格的に組織する前に未然に排除されていった。スターリン路線に反対する動きが表面化することは難しくなった。書記長スターリンの地位は、共産党内で並ぶもののない高みに立ったようにみえた。

▼マルテミヤン・ニキーチチ・リューチン（一八九〇〜一九三七）　ロシアの革命家・政治家。イルクーツクの農民家庭に生まれ、第一次世界大戦期には少尉補としてハルビンで軍務に就いた。一九一七年にハルビンで労働者・兵士代表ソヴィエト議長となり、十月革命後に権力掌握をめざしたが、中国軍の出動により挫折してイルクーツクに逃れた。その後は党組織の活動に従事したが、二〇年代末のスターリンによる穀物調達と工業化の方法に反対し、三〇年十一月に逮捕され党を除名された。のちに釈放されたものの、三二年九月に再び逮捕され投獄されて、三七年一月に処刑された。

▼ナジェージダの自殺　共産党員であり、工業アカデミーで学んでもいたナジェージダは、スターリンの強権的指導に批判的だったとも、精神的に不安定だったともいわれている。自殺につながった要因は定かではないが、二人のあいだではしばしば言い争いがあったことが知られていた。一九三二年十一月九日、ナジェージダはスターリンとの口論ののち、自室で拳銃自殺した。

●―スターリンとナジェージダ(一九三二年)

●―スターリンとスヴェトラーナ(一九三三年)

▼**アドルフ・ヒトラー**（一八八九〜一九四五）　ドイツの政治家。一九二一年に国民社会主義ドイツ労働者党（ナチ党）党首となり、三一年、総選挙で党勢を拡大、三三年に首相に就任した。三四年には総統と称し、独裁者としてドイツを指導した。ヴェルサイユ条約を破棄して対外膨張策を進め、第二次世界大戦を引き起こしたが、ドイツの敗戦直前の四五年四月に自殺した。

④—テロルと戦争

「勝利者の大会」

一九三二年から三三年にかけてのソ連は、集団化による農業の混乱と深刻な飢饉《ききん》だけでなく、急テンポの工業化が招いた経済成長の不均衡に直面した。また、ドイツでヒトラー▲が政権の座に就いたことは、対外的な不安を引き起こした。スターリンは、積極的な抵抗は断固これを排除する一方で、党内外の不満に一定の譲歩をみせる姿勢をとった。

一九三三年五月、スターリンとモロトフは、「農村における階級敵はすでに一掃された」として、積極的な「反革命分子」以外の農民の大量逮捕を禁じる訓令を発した。これは農民に対する抑圧の緩和を意味した。工業分野では、成長目標を低めに設定し消費財生産を相対的に重視する第二次五カ年計画案が作成され、三四年初頭に採択された。こうして共産党は、より「穏健な」方針へと徐々に移行した。

一九三三年の危機を乗り切ったスターリンは、翌三四年一月に、第一七回党大会を開催した。「勝利者の大会」と呼ばれたこの大会でスターリンは、工業化と集団化の成果を力説し、自らの指導が実を結んだことを示そうとした。この大会では、かつてスターリン路線に反対した人々が登壇し、自らの誤りを認めてスターリンの指導を称賛した。こうして大会は、共産党の強固な結束を内外に示した。

表向きの団結とは裏腹に、大会代議員たちのあいだには、スターリンに批判的な雰囲気が渦巻いていた。大会で実施された中央委員選挙で投票した一二二五人の代議員のうち、約三〇〇人がスターリンに反対票を投じたという。結果報告に際して、彼の名は一般の書記と並んで紹介された。これは異例の出来事であった。スターリンを公然と批判することはすでにできなくなっていたが、反対票を投じて匿名で抵抗することは可能であった。しかしこのことは、この党大会の代議員に悲劇的な運命をもたらすことになるのである。

一九三四年は、抑圧の緩和が進んだ年だった。五月には、党中央委員会によって「元クラークの市民権回復手続き」が定められた。政治警察オ・ゲ・ペ・ウの活動は抑制的になり、飢饉から立ち直りつつあった農村での抑圧は弱まった。七月には、オ・ゲ・ペ・ウが改組されたうえで内務人民委員部に統合されるとともに、裁判外機関の活動を一部制約する司法改革が実施された。しかし、この小休止の時間は短かった。

抑圧と緊張緩和

一九三四年十二月一日、一部でスターリンの後継者と噂《うわさ》されていた党政治局員でレニングラード(旧ペトログラード)党委員会書記のキーロフが、レニングラード党本部の建物のなかで元党員の不満分子ニコラーエフ▲に暗殺されるという大事件が起こった。この報を受けたスターリンは、要人テロ事件の審理の簡素化と処刑の迅速な執行を定めた中央執行委員会決定を、自筆で起草した。事実上スターリンの単独決定で発効した、「十二月一日法」として知られるこの非常法は、裁判手続きの適正化を定めた前年の規定を大きく変更するものであった。

この暗殺事件の背後にスターリンの意図が働いていたという仮説が、同時代からささやかれていた。しかし、未公刊史料に基づく近年の諸研究は、スター

▼**レオニード・ヴァシリエヴィチ・ニコラーエフ**(一九〇四〜三四) キーロフ暗殺事件の実行犯。一九二三年に共産党に入党し、コムソモール(共産主義青年同盟)組織で働いたが、三三年に党を除名された。キーロフ暗殺容疑で逮捕され、銃殺刑の判決を受けて処刑された。

●—**セルゲイ・ミロノヴィチ・キーロフ**（一八八六〜一九三四、写真上はスターリンの右隣、写真下は左端）　本名コストリコフ。ロシアの革命家・政治家。ヴャトカに生まれ、苦学してカザン初等工業学校を出たのちトムスク市庁で働く。一九〇四年にロシア社会民主労働党に入党し、革命運動に従事した。二六年にレニングラード党委員会書記となり、スターリンの権力確立に寄与した。三〇年に政治局員、三四年に書記兼組織局員となったが、その直後に暗殺された。

リンの直接の関与を示す証拠がないことを明らかにしている。しかしそれでも、この暗殺事件から最も大きな利益をえたのはスターリンであった。彼はこの事件を利用して、潜在的反対勢力を排除したのである。三五年二月までに、ジノヴィエフとカーメネフを含む旧反対派の多くの人々が、事件に連座したとして有罪を宣告された。こうしてキーロフ暗殺を契機に、旧反対派勢力に対する抑圧的措置が再び強化された。

一方で一九三〇年代半ばの時期は、社会全体には抑圧の緩和に向かう措置もとられた。三五年二月には、コルホーズ農民の生活を支えていた宅地付属地が制度化され、農民に一定の譲歩がおこなわれた。また同年七月に党政治局は、軽い懲罰措置を受けて刑期を終えるか仮釈放されたコルホーズ員について、その前科を取り消すことを決定した。さらに八月には、穀物調達にかかわる犯罪で処罰された公職者の釈放と前科取り消しが決定された。こうした措置により、多くの人々が様々な権利制限から解放された。

さらに一九三五年一月にスターリンは、憲法に本質的な修正を施すことを党政治局に提案した。五カ年計画と農業集団化で新たな社会制度をつくりだしたスターリンは、「社会主義建設が基本的に完了した」社会にふさわしい憲法の制定により、共産党が統治する国家を揺るぎないものにすることをめざしたのである。

新憲法の制定に向けて、旧反対派のブハーリンを含む多数の有識者からなる憲法委員会が組織され、活発な議論が展開された。そこで作成された憲法草案は、広く国民の意見を聴取する全人民討議に付され、討議でえられた意見も草案に取り入れられた。こうして一九三六年十二月、「スターリン憲法」の名で知られる新ソ連憲法が制定された。

一九三六年の憲法は、ソ連が階級対立のない社会主義国家であると規定した。そして新たな体制に国民を統合するため、普通・直接・平等・秘密投票という選挙制度に改めた。旧憲法にあった労働者と農民の権利規定も、全国民を対象としたソヴィエト市民の基本的権利の規定に変わり、言論・出版・集会・信教などの自由も定められた。しかしそれは、「社会主義の強化」のためにのみ認められるべきものであった。ここで出現したソ連体制こそ、スターリンが定立した一国社会主義の完成型であった。

▼**ニコライ・イヴァノヴィチ・エジョフ**（一八九五〜一九四〇）　ソ連の政治家。一九一七年にボリシェヴィキに参加し、国内戦に従軍ののち地方党委員会で活動した。三〇年から党中央機関で勤務し、三六年にヤゴーダの後任として内務人民委員となって、「大テロル」で辣腕を振るった。三八年に水運人民委員に左遷されたのち三九年に逮捕され、四〇年二月に処刑された。

「大テロル」

社会的抑圧の緩和に向かう一連の措置と並行して、この時期に、かつてスターリンに反対した勢力に対する大規模な抑圧が始まった。この抑圧を始動させたのは、スターリンが直接に署名した、一九三六年七月二十九日付の党中央委員会秘密書簡であった。全国の党組織に送られたこの秘密書簡は、ジノヴィエフ派によるキーロフ暗殺関与だけでなく、トロツキー派と結んだテロ活動の企図が暴露されたと指摘し、これとの断固たる闘争を呼びかけた。同年八月、ジノヴィエフとカーメネフ、そして彼らの組織のメンバーに対する見世物裁判が組織され、被告とされた人々は国外のトロツキーと通じてソ連転覆を図ったと裁判で陳述した。判決後、彼らはただちに処刑された。

この「第一次モスクワ裁判」は、旧反対派や潜在的反対勢力に対する抑圧の端緒となった。三六年九月、スターリンは内務人民委員をヤゴーダからエジョフ▲に交代させ、次なる抑圧の準備にあたらせた。翌三七年一月、重工業人民委員代理のピャタコフ、評論家で政府機関紙『イズヴェスチヤ』で働いていたラデックらを被告とする「第二次モスクワ裁判」がおこなわれた。これ以後、抑

●—**ゲンリフ・グリゴリエヴィチ・ヤゴーダ**（一八九一～一九三八）　ソ連の政治家。ルイビンスクのユダヤ人家庭に生まれ、第一次世界大戦に従軍し、一九一七年にはボリシェヴィキ系新聞で働いた。一八年からチェカー（非常委員会）で活動し、三四年に内務人民委員に就任。三六年九月に同職を解任、三七年三月に逮捕されて、三八年の第三次モスクワ裁判で有罪判決を受けて処刑された。

●—**ゲオルギー**（ユーリー）**・レオニードヴィチ・ピャタコフ**（一八九〇～一九三八）ロシアの革命家・政治家。キエフの製糖工場長の家庭に生まれ、ペテルブルク大学在学中の一九一〇年にロシア社会民主労働党に入党し、ボリシェヴィキに属した。経済管理部門で手腕を発揮するとともに、政治的にはトロツキーを支持した。二七年に共産党を除名されたが、自己批判ののち復党して重工業人民委員代理となった。三六年九月に逮捕され、第二次モスクワ裁判で有罪判決を受けて処刑された。

●—**カール・ベルンガルドヴィチ・ラデック**（一八八五～一九三九）　本名カロル・ゾベルゾーン。国際共産主義運動の活動家・ソ連の政治家。レンベルク（現リヴィウ）のユダヤ人家庭に生まれ、革命運動に参加した。一九一八年のドイツ共産党創立に関与したのち、二〇年からコミンテルンで活動した。トロツキーと連携して反対派として活動したが、三六年に逮捕され、三七年に禁固一〇年の判決を受けた。三九年五月に獄中で死亡した。

圧の対象は、経済分野における「妨害活動」に拡大していった。生産設備の立ち遅れ、事故や故障の多発などの不首尾が、「反ソ妨害活動」の結果と説明され、多くの経済関係責任者が処罰された。

一九三七年二月〜三月に開かれた党中央委員会総会でスターリンは、「われわれが成功を収めれば収めるほど、粉砕された搾取階級の残存分子はますます敵意を燃やし、闘いをますます尖鋭化」させると述べて、「面従腹背者」の根絶を訴えた。この総会はまた、ブハーリンとルイコフの除名を決定し、二人はただちに内務人民委員部によって逮捕された。二人は取り調べののち、翌三八年三月に開かれた「第三次モスクワ裁判」で審理され、有罪判決を受けて処刑された。一九三四年の第一七回党大会参加者一九六六人のうち、三七〜三八年に一一〇八人が逮捕され、八四八人が処刑された。「勝利者の大会」に勝利したのはスターリンだった。ちなみに、亡命先のメキシコにいたトロツキーは四〇年八月、内務人民委員部のスペイン人工作員に暗殺された。こうして旧反対派グループは根絶された。

一方、軍部も抑圧の対象とされた。一九三七年五月末には、国防人民委員代理から沿ヴォルガ軍管区司令官に左遷されたばかりのトゥハチェフスキー(七五頁参照)が逮捕された。彼は、六月に他の将軍たちと非公開裁判で審理され、判決後ただちに処刑された。三七〜三八年に逮捕されたり解任されたりした将校は、三万五〇〇〇人を数えたという。

一九三七〜三八年の「大テロル」と呼ばれる大量抑圧の時期、共産党・国家機関・軍部および社会団体の指導的立場にあった人々の多くが、抑圧の主要対象とされた。しかし大量抑圧の犠牲は、社会のエリート層にとどまらなかった。三七年七月二日、スターリンの政治局は、地方当局に「故郷に帰還したクラーク、刑事犯全員の登録をおこなう」ことを求め、そのうち最も敵対的な者の即刻逮捕と、敵対的な分子の追放を命じる決定を発した。この指令に基づいて、内務人民委員部は七月末、「旧クラーク、刑事犯、その他反ソ分子の弾圧作戦」命令を作成し、弾圧されるべき人数を地方機関に割り当てて作戦を遂行した。さらに三八年一月末、ポーランド人・ドイツ人・ラトヴィア人などの「敵性民族」が、党中央委員会指令によって「スパイ活動・破壊活動」の嫌疑で抑圧の対象に指定された。

ソ連社会を揺るがせた「大テロル」は、三八年には収束を迎えた。三八年十一月十七日付党中央委員会決定は、大量抑圧を遂行した内務人民委員部諸機関の「一連の重大な欠陥と歪曲《わいきょく》」を批判し、逮捕・追放の大規模作戦の実施を禁止した。こうして「大テロル」は、スターリンの指令で始まったのと同じように、彼の指令で幕が引かれたのである。三七〜三八年に内務人民委員部によって逮捕された人々は一五七万五〇〇〇人に上り、そのうち一三四万五〇〇〇人が有罪判決を受け、六八万一七〇〇人余が処刑された。

スターリンの「大テロル」によって、彼が潜在的敵対分子ととらえた古参エリート層は排除された。これに代わって登場したのは、スターリン統治下で登用された若手の幹部候補であった。彼らはスターリンにとって、政治的に信頼しうる、より従順な部下であった。スターリンはまた、「大テロル」を通じて、元クラーク、元帝国官吏、元犯罪者、「外国のスパイ」など、ソ連社会に潜在的に不満を持つ「社会的危険分子」を強制的に排除した。こうしてスターリンは、自らの独裁的権力を確立することができたのである。

●──**ミハイル・ニコラエヴィチ・トゥハチエフスキー**（一八九三〜一九三七、写真下はスターリンの右隣）　ソ連の軍人。スモレンスクで貴族の家庭に生まれ、士官学校を卒業して第一次世界大戦に従軍。十月革命後はボリシェヴィキを支持し、赤軍の司令官となって内戦で活躍した。一九三一年に陸海軍人民委員代理となり、赤軍の近代化を進めた。三七年五月に逮捕、六月に処刑された。

▼**張鼓峰事件**（ハサン湖事件）　一九三八年に起きた日ソ両軍の衝突事件で、ソ連側ではハサン湖事件と呼ばれる。豆満江下流域の満洲国とソ連との国境の不明確な地域に位置する張鼓峰の頂上にソ連軍が陣地を構築したため、日本側守備隊がこれを阻止し、日ソ両軍の戦闘となった。両軍ともに大きな損害を出し、八月に停戦協定が結ばれて終結した。

ドイツの領土拡大

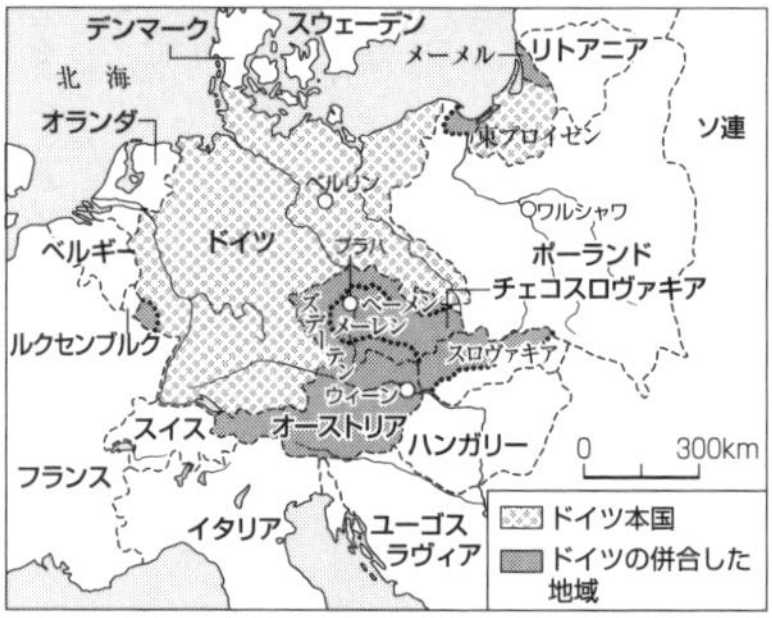

戦争の足音

スターリンが「大テロル」を展開していたとき、ソ連を取り巻く国際環境は大きく変化しつつあった。一九三八年三月には、ヒトラーのドイツがオーストリアを併合し、さらに十月にチェコスロヴァキアからズデーテン地方を獲得した。東方では日本との緊張が生じ、三八年七月～八月に張鼓峰《ちょうこほう》事件（ハサン湖事件）▲が起こった。翌三九年年五月には、満洲国とモンゴル人民共和国のあいだで起こった国境紛争が拡大し、ソ連・モンゴル軍と日本・満洲国軍との本格的な軍事衝突に発展した。ノモンハン事件（ハルハ河戦争）と呼ばれるこの出来事は、九月に休戦協定が結ばれて終結した。双方に多大の犠牲を出して終わったこの紛争で、最後に勝利を収めたのはソ連だった。

流動的な国際情勢のなかで、スターリンは国境の防衛を確立する方策を進めた。まず、西方からの侵入に脆弱《ぜいじゃく》なレニングラードの防衛のため、フィンランドに領土の割譲ないし貸与を要求した。これは拒絶されたものの、ソ連はその後もフィンランドに圧力をかけ続けた。

一九三九年三月にドイツがリトアニアのメーメルを併合し、さらにチェコス

独ソ不可侵条約の締結　右はドイツ外相リッベントロップ、左はモロトフ。

▼ゲオルギ・ディミトロフ・ミハイロフ（一八八二〜一九四九）　ブルガリアの政治家。一九〇二年にブルガリア労働者社会民主党に入党し、同党左派に属した。二三年九月の武装蜂起の失敗後は国外で活動。三三年、ベルリンの国会議事堂放火事件で逮捕されたが、釈放されてモスクワに移る。三五年にコミンテルン執行委員会書記長となり、同年の第七回大会で人民戦線戦術を提起した。

ロヴァキアを併合すると、ドイツ、イギリス、フランス、ソ連の関係をめぐってヨーロッパ情勢は混迷の度合いを強めた。直接対決を先送りしたいヒトラーとスターリンは急接近し、三九年八月二十三日、独ソ不可侵条約が締結された。この条約には、勢力圏分割を取り決めた秘密議定書が付されていた。そして三九年九月一日、ドイツがポーランドに侵攻すると、九月三日にイギリス、フランスがドイツに宣戦布告し、第二次世界大戦が始まった。

　ドイツのポーランド侵攻に呼応して、ソ連軍は九月十七日にポーランド東部に侵攻し、これを占領した。このときスターリンは、コミンテルン議長のディミトロフ▲に対して、ポーランドがウクライナ人やベロルシア人などの諸民族を抑圧するファシスト国家であると断じ、その解体を正当化した。こうして西ウクライナと西ベロルシアはソ連に編入された。また、エストニア、ラトヴィア、リトアニアのバルト三国は、ソ連との相互援助条約の締結とソ連軍への基地貸与を強いられた。さらに翌四〇年六月、スターリンはバルト三国とルーマニア領ベッサラビアにソ連軍を進駐させ、ソ連への自発的加盟というかたちをとった事実上の併合を強行した。こうしてソ連は、旧ロシア帝国領の大部分を再統

▼**アナスタス・イヴァノヴィチ・ミコヤン**(一八九五〜一九七八)　アルメニアの農民家庭に生まれ、チフリスのアルメニア神学校を卒業し、一

合したのである。

　スターリンは、フィンランド問題も実力による解決を決断し、一九三九年十一月末にフィンランドと開戦した。フィンランド側は頑強に抵抗してソ連軍を翻弄したものの、数に勝るソ連軍の攻勢に苦戦を強いられた。最終的にフィンランドは和平に踏み切り、四〇年三月の講和条約でカレリア地峡などの領土をソ連に割譲して「冬戦争」は終結した。

　残る気がかりは日本の動向だった。ドイツとの戦争を不可避と考えていたスターリンは、日本がドイツと同時にソ連を攻撃することを恐れていた。一方で日本の軍部もまた、対ソ戦に力を集中するか対米英戦争に力を注ぐかで意見が分かれていた。当面の直接対決を避けたい両国の利害が一致したところで、四一年四月に日ソ中立条約が結ばれた。

　日本との対立をひとまず回避したスターリンは、ドイツとの戦争に備えるため、五月には人民委員会議議長に就任した。この間、ドイツは急速に対ソ戦の準備を進めていた。その情報は様々なルートからスターリンに届けられていたが、早期の独ソ開戦を画策するイギリスの企図を警戒した彼はその情報を重視

九一五年にロシア社会民主労働党に入党してボリシェヴィキに属した。バクーで革命運動を指導したのち、二六年に外国貿易・国内商業人民委員に就任。三五年に政治局員、第二次世界大戦中は国家防衛委員会委員となった。五六年のスターリン批判を支持し、非スターリン化を進めた。写真中央のスターリンの左隣がミコヤン。

せず、戦争を先送りできると考えた。

スターリンの戦争

一九四一年六月二十二日、ポーランドの独ソ境界線を越えて、突如ドイツ軍が侵攻を開始した。不意を突かれた前線は大混乱に陥り、ソ連軍は甚大な損害を被った。ドイツ側の攻撃を予期しなかったスターリンは、攻撃の報を聞いてもにわかには信じなかった。ドイツ大使が外務人民委員モロトフに戦争の開始を告げると、スターリンはようやく状況を理解した。

この日、スターリンは戦争の開始を国民に告げることを拒み、その役割をモロトフに委ねた。ドイツ軍侵攻の時期を読み誤ったことで、明らかに動揺したのである。スターリンは、開戦に対処すべく様々の指令に署名して活動したものの、ミンスクが陥落した六月二十九日には事態の深刻さに改めて衝撃を受け、意気消沈して郊外の別邸に引きあげた。

ミコヤン▲の回想によれば、スターリンの側近たちは、共産党と国家の権力を集中して戦争指導にあたる国家防衛委員会を組織し、スターリンをその指導者

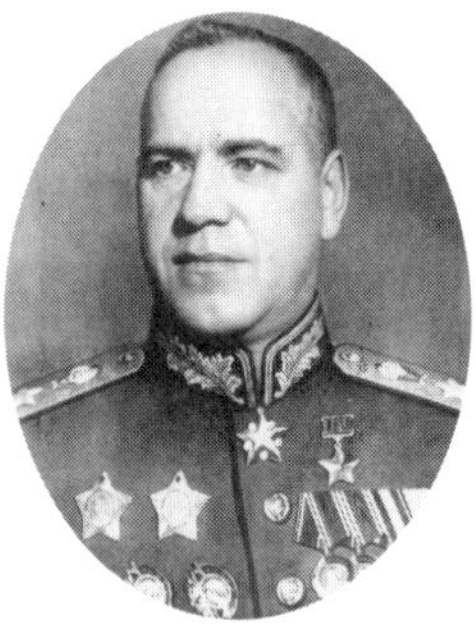

▼**ゲオルギー・コンスタンチノヴィチ・ジューコフ**（一八九六〜一九七四）　ソ連の軍人。第一次世界大戦に従軍し、十月革命後は赤軍で頭角をあらわした。一九三九年のノモンハン事件ではソ連軍を指揮し、第二次世界大戦期は最高総司令官代理としてソ連を勝利に導いた。スターリン死後の五三年に国防相代理、五五年に国防相に就任した。

に頂くことを決めた。この提案をもって彼らがスターリンの別邸に赴くと、スターリンは「何のために来たのかね？」といぶかしげに尋ねたという。彼らが自分を逮捕しに来たのだとスターリンは判断した、とミコヤンは確信した。しかし側近たちは、スターリンのいない指導部に考えが及ばなかった。

　国家防衛委員会議長となって自信を回復したスターリンは七月三日、国民に向けてラジオ演説をおこなった。「同志諸君、市民の皆さん、兄弟姉妹たち、陸海軍の戦士たちよ」という異例の呼びかけに始まるこの演説は、ドイツのファシストと戦う「われわれの祖国の戦争」で祖国を防衛することを国民に求め、「レーニン＝スターリンの党」の周りに団結するよう訴えた。開戦後すぐに「祖国の戦争」という言葉があらわれていたが、スターリンもこの言葉を用いて国民の心に訴えた。その後スターリンは国防人民委員を兼任し、八月には自ら最高総司令官に就任した。こうして彼は、党・国家・軍の全権を一手に握ったのである。

　十月までに、ドイツ軍はモスクワ郊外に迫ってきた。スターリンは、政府機関をクイブィシェフ（現在のサマーラ）に疎開させることを決定した。しかしス

●独ソ戦の戦線

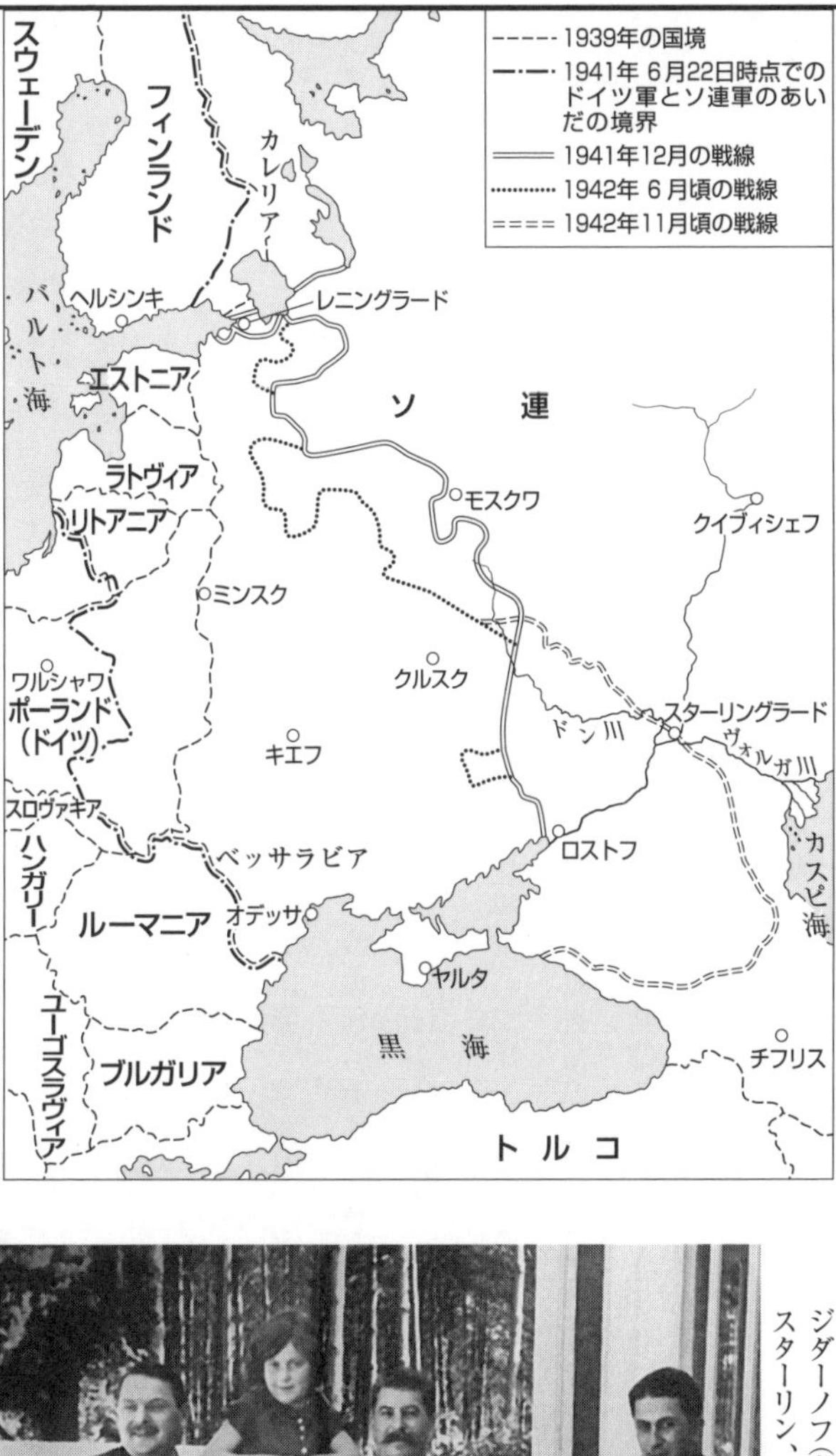

●一九四一年のスターリン　左からワシーリー、ジダーノフ（九一頁用語解説参照）、スヴェトラーナ、スターリン、ヤコフ。

ターリン自身はモスクワにとどまって指揮を続け、モスクワ防衛を委ねたジューコフ将軍(八〇頁用語解説参照)とともに、ドイツ軍を撃退した。一方レニングラードはドイツ軍によって包囲され、二年半にわたって決死の籠城戦を戦うことになった。

　スターリンは十一月六日の演説で、ドイツ軍が殲滅《せんめつ》しようとしているのはレーニン、プーシキン、チャイコフスキー、スヴォーロフやクトゥーゾフらを生んだ「偉大なロシア民族」であり、侵略者はソ連人民の殲滅を望んでいるのだと述べて、ロシアのナショナリズムとソ連とを結びつけて国民の愛国心を喚起した。また、翌十一月七日の革命記念日の演説では、アレクサンドル・ネフスキー、スヴォーロフ、クトゥーゾフら侵略者と戦った歴史上の英雄に再度言及して、国民の団結を訴えた。すでに一九三〇年代に提起されていた「ソヴィエト愛国主義」は、独ソ戦のなかでロシア・ナショナリズムと結合して大きな力を発揮するようになった。

　モスクワとレニングラードで頑強な抵抗にあったドイツ軍は、四二年には戦力を南方に集中してドン川流域から北カフカースを攻撃し、六月にはヴォルガ

▼アレクサンドル・セルゲエヴィチ・プーシキン(一七九九〜一八三七)　ロシアの国民的詩人。モスクワで貴族の家庭に生まれ、優れた詩や戯曲、小説を発表して、ロシア文学の発展に多大な影響を与えた。啓蒙思想の影響を受けて専制政治に批判的な姿勢をとり、政府と衝突して厳しい監視下におかれたが、その作品は人気を博した。妻のスキャンダルがもとでフランス人士官に決闘を挑み、死亡した。

▼ピョートル・イリイチ・チャイコフスキー(一八四〇〜九三)　ロシアの作曲家。ヴャトカで鉱山技師の家庭に生まれ、幼少期からピアノを学ぶ。一八六二年にペテルブルク音楽院が開設されるとその一期生となり、六六年に卒業してモスクワ音楽院の音楽理論の教師となった。数多くの優れた作品を発表して、ロシア音楽を国際的な水準に高めた。その作品は今日も広く愛されている。

▼アレクサンドル・ヴァシリエヴィチ・スヴォーロフ(一七二九〜一八〇〇)　ロシアの軍人。モスクワで軍人家庭に生まれ、一七五六年に七

年戦争に従軍。その後ポーランド侵攻やオスマン帝国軍との戦争、対フランス戦争に従軍し、数々の武功をたてて、大元帥に叙せられた。

▼ミハイル・イラリオノヴィチ・クトゥーゾフ(一七四五〜一八一三)　ロシアの軍人。ペテルブルクの軍人家庭の生まれ。一八〇五年の対フランス戦争に敗北するも、一二年のナポレオン軍のロシア遠征では総司令官として退却戦術をとり、ロシア帝国に勝利をもたらした。

▼アレクサンドル・ヤロスラヴィチ・ネフスキー(一二二〇〜六三)　中世ロシアのノヴゴロド公(在位一二三六〜五一)、ヴラジーミル大公(五二〜六三)。一二四〇年のスウェーデン軍侵攻を撃退し、その後もドイツ騎士団やポーランド、ハンガリーなどの外敵を撃退して、ロシアの国民的英雄と称えられた。

川西岸のスターリングラード(旧名ツァリーツィン)にいたり、翌月から本格的な攻略戦が始まった。自身の名を冠したこの町の防衛のためスターリンは七月二十八日、規律違反を犯した将兵から「懲罰大隊」を編成して前線の困難な場所に配置し、「パニックを起こした者や臆病者」の退却を射殺の威嚇をもって阻止する「特別阻止隊」を配置することを指示した国防人民委員指令第二二七号を発し、「一歩たりとも退くな」と命じた。両軍は死闘を繰り広げ、双方に多大の犠牲を出したスターリングラード攻防戦は、翌四三年二月にソ連軍が勝利した。

その後四三年七月から八月にかけておこなわれたクルスクの戦いは、両軍が戦車を大規模に投入する激戦となったが、ソ連側の勝利に終わった。この戦いが転機となって、独ソ戦はソ連側が主導権を握るようになり、ドイツ軍を退却戦に追い込んでいった。この間スターリンは一九四三年五月、連合国との協調関係をアピールするため、コミンテルンを解散した。さらに同年九月、スターリンはロシア正教会と和解して一定の譲歩をおこない、その見返りとして教会にソ連国家への忠誠と戦争への支援を求めた。こうして独ソ戦のなかで、共産

収容所のヤコフ

▼フランクリン・D・ローズヴェルト（在任一九三三〜四五）　アメリカ合衆国の政治家で、第三二代大統領。ニューヨーク州知事を経て大統領に就任し、大恐慌対策のニューディールを実施した。第二次世界大戦期には連合国間の協調関係の維持に尽力したが、四選直後に死去した。

党イデオロギーにも変化があらわれたのである。

一方、戦争はスターリンの周囲にも変化をもたらした。エカチェリーナとのあいだの息子ヤコフ・ジュガシヴィリと、ナジェージダとのあいだの息子ワシーリーが、それぞれに従軍したのである。このうち陸軍将校だったヤコフは、一九四一年七月にドイツ軍の捕虜となっており、ドイツによる対ソ宣伝に利用されていた。その後スターリングラード戦で捕虜となったドイツ軍要人との捕虜交換がドイツから提案されたが、スターリンはきっぱりと拒絶した。しばらくしてヤコフは収容所で死亡した。脱走を試みて射殺されたとされるが、その経緯は不明な点が多い。

一九四三年十一月、スターリンはローズヴェルト▲、チャーチル▲とテヘラン会談に臨み、戦後ポーランド国境の西側への移動を要求するとともに、ドイツ軍打倒後の対日参戦を確認した。その後ソ連軍は、東ヨーロッパをドイツ軍から解放しながら進撃し、解放地域でソ連の影響力を強化した。四五年二月にスターリンは、ヤルタで開かれた連合国首脳会議に参加して、ポーランド国境の西方移動を獲得し、対日参戦の見返りとして領土獲得を認めさせた。

一九四五年四月にはソ連軍がベルリン攻撃に入り、五月二日にベルリンは陥落した。五月九日にはドイツの降伏文書が批准され、この日はソ連の対独戦勝記念日となった。ソ連は戦勝国としての地位を国際社会で確立し、スターリンの名声も大いに高まった。しかしそれは、国民全体で二七〇〇万人といわれる膨大な犠牲の上にえられた名声だった。

　スターリンの戦争はまだ終わってはいなかった。対日参戦を通じて太平洋への出口を確保せねばならなかった。日本とのあいだには一九四一年に締結した中立条約があったが、スターリンはヤルタの密約に従って、対日参戦準備を進めた。七月のポツダム会談で、トルーマン▲から原子爆弾実験の成功を伝えられると、スターリンは対日参戦を急がせた。そして八月九日、スターリンは日本との戦争を開始した。八月十五日に日本がポツダム宣言受諾を伝えたのちも、ソ連軍は戦闘を継続し、占領地を拡大した。

　一九四五年九月二日、スターリンは対日戦勝を祝って、国民にメッセージを発した。彼は、日本の侵略的行為がロシアを苦しめた歴史を想起させ、とりわけ日露戦争での敗北が「わが国に汚点となった」と述べた。そして彼は、その

▼ウィンストン・チャーチル（一八七四〜一九六五）　イギリスの政治家。一九二四年の保守党政権で蔵相、第二次世界大戦開始後の四〇年に首相に就任し（〜四五年）、イギリスの戦争を指導するとともに戦後の国際関係の基礎を構築した。戦後五一年に首相に復帰した（〜五五年）。

▼ハリー・S・トルーマン（在任一九四五〜五三）　アメリカ合衆国の政治家で、第三三代大統領。ローズヴェルトの急死で副大統領から昇格し、ポツダム会談でスターリン、チャーチルと戦後問題を交渉した。対ソ関係では「封じ込め政策」など強硬路線をとり、冷戦の展開に影響を与えた。

敗北の汚辱をそそぐ時の到来を信じ、「ここに、ついにその日が来た」と祝福した。これはあからさまなナショナリズムの発露であったが、領土拡張に安全保障を求めたスターリンの率直な主張であった。

こうしてスターリンは、第二次世界大戦を通じてソ連国家の統治領域を大いに拡大させた。そしてこの戦争を通じてソ連は、一国社会主義のソ連から国際舞台で行動する大国へと大きく変貌を遂げたのである。

●ヤルタ会談　着席している人物の左から、スターリン、ローズヴェルト、チャーチル。

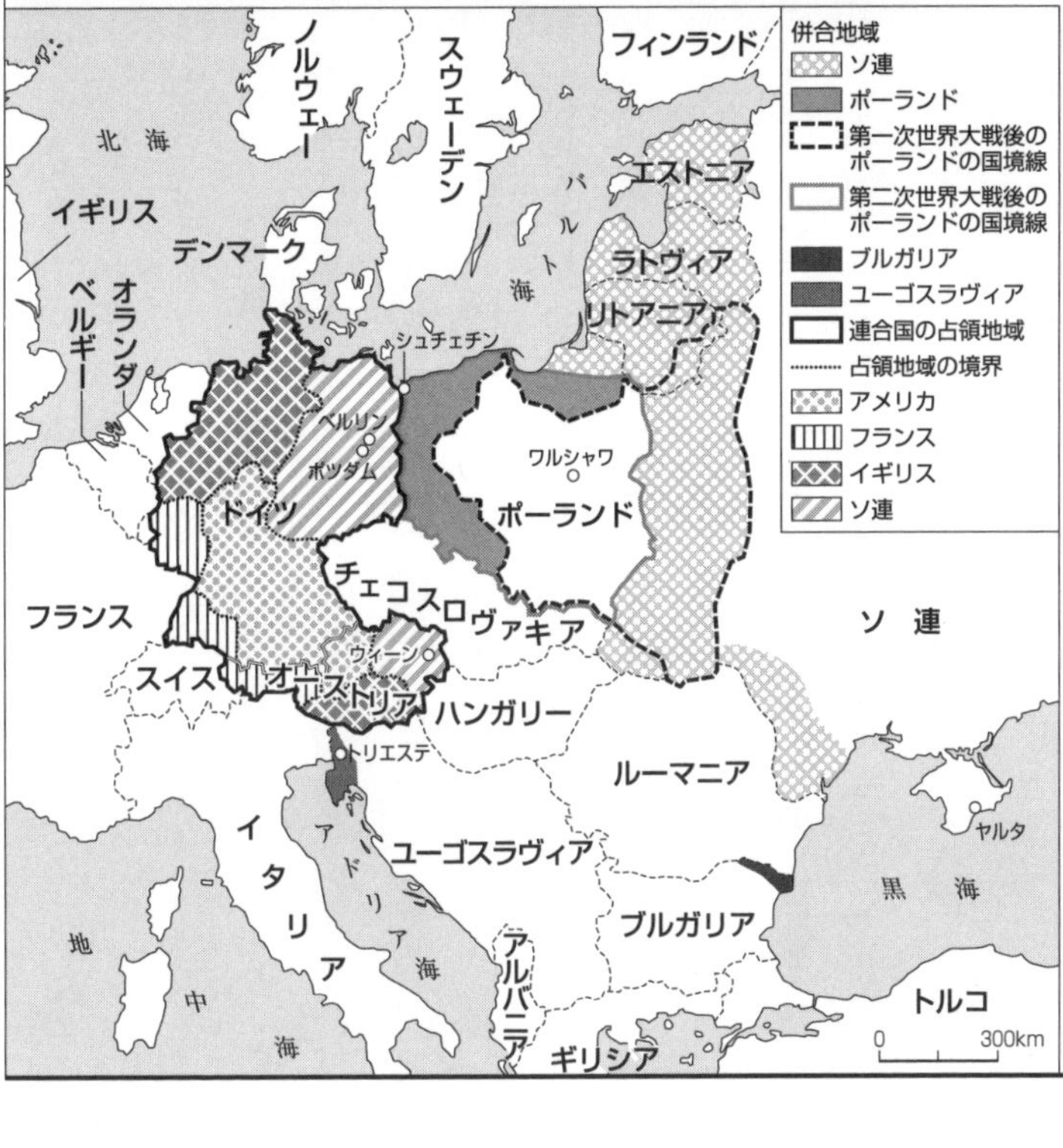

●第二次世界大戦後のヨーロッパ

⑤—超大国の指導者

再建と引き締め

ソ連は第二次世界大戦後の国際舞台に戦勝国として登場した。スターリンの名前はソ連の勝利と結びつけられた。戦前にスターリンがつくりあげた体制は、戦勝を通じて国民の幅広い層のあいだで正統性を確保した。こうして第二次世界大戦前に形成されたソ連体制が固定化されていった。

しかしソ連は、第二次世界大戦によって甚大な被害を被っていた。戦争が終結したとき、戦前の資本財の二五パーセントが破壊されており、被占領地ではその規模は六六パーセントにも及んでいたという。そのためソ連は、再度の大規模工業建設をおこなわなければならなかった。また農業の復興は困難を極め、天候不順もあって一九四六年には深刻な不作となり、飢饉《ききん》が発生した。大戦直後のソ連は、一九二〇年代末の「上からの革命」の時期と類似の状況に直面したのである。

こうした状況に対してスターリンは、重工業部門の復興を最優先課題に設定し、一九四五年から五〇年までに工業投資の八〇パーセントを生産財部門に割り当てた。また、戦時中に緩和されたコルホーズ農民の宅地付属地経営に対して、新たな制限が導入された。さらに戦後にソ連領となった諸地域では、農業集団化が実施された。こうしてスターリンは、一九三〇年代初頭の「上からの革命」を通じて形成されたシステムを駆使して、再度の急速な重工業建設を遂行したのである。

戦争はまた、解決すべき大きな問題をスターリンとソ連体制に残した。それは、歴史家ゲフテル▲のいう「自然発生的な非スターリン化」と呼ばれる現象である。一九四一～四二年にスターリンの体制が侵略と占領によって崩壊したとき、人々が自ら決定し責任を取らなければならない状況が生じて独立した人間が登場した、とゲフテルは主張した。ドイツ軍占領地域や戦場となった地域の人々、前線で戦った人々の多くが、命令なしで行動せねばならなかった。

自律的な行動を経験した人々でさえ、戦後もスターリンと共産党を信頼した。スターリンに代わる指導者を考えるものはなかった。それでも、戦勝国でありながら生活の改善がみられず、古い体制が再構築されていく状況に、次第に国

▼**ミハイル・ヤコヴレヴィチ・ゲフテル**（一九一八～九五）　ソ連の歴史家。シンフェロポリのユダヤ人家庭に生まれ、モスクワ大学歴史学部を卒業。科学アカデミー歴史研究所に勤務し、歴史学におけるスターリン批判を推進した。

民のあいだで不満が蓄積されていった。戦時中に愛国心高揚のもとで国民が望む作品を書くことのできた作家たちは、戦後も文化の領域での制限緩和を望んでいた。しかしスターリンは、国民の、とりわけ知識人の自律的な動きを警戒した。

一九四六年八月、「雑誌『ズヴェズダー(星)』と『レニングラード』について」と題する党中央委員会決定が採択された。決定は、詩人アフマートヴァと風刺作家ゾシチェンコの退廃的で外国風の作品を掲載したとして、この二つの雑誌を厳しく批判した。イデオロギー担当書記であったジダーノフによれば、雑誌の欠陥について検討するよう提案し、決定の指針を与えたのはスターリン自身だった。スターリンは、著名な作家を標的にすることで、創作活動を党の公式路線すなわち自らの指示に従属させることを企図したのである。

同じく八月末、演劇の上演題目についての党中央委員会決定が採択され、「ブルジョア・イデオロギーを公然と説く」演劇の上演が禁じられた。九月に入ると、党中央委員会は映画の内容に関しても介入し、いくつかの歴史映画が事実を歪曲《わいきょく》し現実を中傷していると非難した。スターリンは文化の領域でも、

▼『ズヴェズダー』 レニングラードで一九二四年に創刊された文芸雑誌で、ソ連作家同盟機関誌。多くの著名作家の作品を掲載して人気を博した。四六年八月の批判後も生き延びて、現在も刊行が続いている。

▼『レニングラード』 レニングラードで一九四〇年に創刊されたイラスト入り文芸雑誌で、ソ連作家同盟レニングラード支部機関誌。四六年八月に発行停止となった。

▼アンナ・アンドレエヴナ・アフマートヴァ(一八八九〜一九六六) 本名ゴレンコ。ソ連の詩人。オデッサで海軍技師の家庭に生まれる。アクメイズム派詩人として名声を博したが、一九二〇年代後期から作品発表の道が閉ざされた。第二次世界大戦中には創作活動が認められたものの、戦後再び沈黙を余儀なくされた。

▼ミハイル・ミハイロヴィチ・ゾシチェンコ(一八九四〜一九五八) ソ連の作家。ペテルブルクで芸術家の家庭に生まれ、赤軍を除隊後に職を転々としたのち、一九二一年に短編を発表。人気作家となり、多数の作品を発表した。四六年に批判され、

自らが確立した枠組みを超える作品が国民に示されることを許さなかったのである。この戦後のイデオロギー統制は、彼の意を体して辣腕を振るったジダーノフのもとで容赦なく進められ、「ジダーノフ批判」と呼ばれた。

社会主義陣営の盟主

東欧諸国をドイツから解放したソ連は、解放地での影響力を強化した。スターリンは、戦後の東欧においてもソ連の影響力を維持することを強く望んだが、当面は親ソ的民主主義政権の樹立で満足した。東欧諸国では、共産党ないしそれに準ずる政党を含む連立政府が組織され、各国の事情に即した社会改革が実施された。一方、独力でドイツの占領から脱したユーゴスラヴィアでは、チトーに率いられた共産党が単独政権を樹立した。東欧の「ソヴィエト化」を企図する明確な青写真は、スターリンも持ちあわせはいなかった。

東欧でのソ連の影響力拡大を危惧したイギリス前首相チャーチルは一九四六年三月、訪問先のアメリカで有名な「鉄のカーテン」演説をおこない、ソ連に対する危機意識をあらわにした。スターリンはこれに強く反発し、同年夏まで

作家同盟を除名された。

▼アンドレイ・アレクサンドロヴィチ・ジダーノフ（一八九六〜一九四八）ロシアの革命家・政治家。マリウポリで文部官僚の家庭に生まれ、一九一五年にロシア社会民主労働党に入党。三四年にレニングラード党委員会書記に就任。第二次世界大戦中はレニングラード防衛戦を指導し、戦後はイデオロギー統制に従事したが、病のため急死した。

▼チトー（一八九二〜一九八〇）チトーは呼称で本名はヨシプ・ブロズ。ユーゴスラヴィアの政治家。一九二〇年にユーゴスラヴィア共産党に入党し、三七年、党書記長に就任。第二次世界大戦期は対独抵抗運動を指導し、戦後は首相に就任。独自の社会主義をめざした。

▼「鉄のカーテン」演説　一九四六年三月、チャーチルがミズーリ州フルトンでおこなった演説で、「バルト海のシュチェチンからアドリア海のトリエステまで、ヨーロッパ大陸を横切る鉄のカーテンが降ろされた」と述べた。

にはイギリスとアメリカに強い不信感を抱くようになった。

チャーチル演説のしばらくのちにギリシア内戦▲が始まると、アメリカは四七年三月にトルーマン・ドクトリンを発表し、ギリシアとトルコを支援して共産主義の拡大を防ぐ「封じ込め政策」を打ち出した。同年六月にマーシャル・プラン▲が発表されると、米ソ関係はさらに緊張を強めた。諜報機関の情報に基づいてスターリンは、アメリカが同盟を再構築して復興したドイツをソ連に対抗させる策略であると判断し、この計画への参加を拒否するとともに、東欧諸国にも不参加を求めた。これは冷戦の本格化を告げる出来事となった。

アメリカによる攻勢に対抗して、スターリンは四七年九月、ヨーロッパ諸国の共産党の連絡機関としてコミンフォルムを組織した。コミンフォルム設立会議で演説したジダーノフは、アメリカを中心とする「帝国主義陣営」とソ連を中心とする「反帝国主義陣営」の分裂を定式化した。スターリンの承認をえたこの主張は、ソ連の国際関係を規定する枠組みとなった。一九四八年には東欧諸国の体制のソヴィエト化が進められ、社会主義陣営を形成したソ連はその盟主となった。一方、スターリンの意思に従順ではなかったユーゴスラヴィアの

▼ギリシア内戦　第二次世界大戦中に勢力を伸ばしたギリシア共産党が、一九四六年から政府勢力と展開した内戦。当初はイギリスが、のちにアメリカが政府側を支援し、ユーゴスラヴィアが共産党勢力を支援して展開された内戦は、四九年に政府側の勝利で終結した。

▼マーシャル・プラン　アメリカ合衆国国務長官ジョージ・マーシャルが一九四七年六月に発表したヨーロッパ復興計画。当初は全ヨーロッパを対象としたが、ソ連東欧諸国が参加を拒否したため、東西両陣営の亀裂を深化させた。

▼ラヴレンチー・パヴロヴィチ・ベリヤ（一八九九〜一九五三）　ソ連の政治家。グルジアのミングレル人（九七頁用語解説参照）農民家庭に生まれる。一九一九年に共産党に入党し、三八年末に内務人民委員に就任。第二次世界大戦中は国家防衛委員会委員として戦争指導にあたったが、スターリン死後に失脚し、五三年十二月に処刑された。

▼**蔣介石**（一八八七〜一九七五）　中国の政治家・軍人。黄埔軍官学校長、国民革命軍総司令を歴任し、国民党の軍事指導者として北伐による統一をめざした。抗日戦では第二次国共合作を実施して共産党と協力したが、四五年に共産党への攻撃を開始して対立を深め、国共内戦となった。四九年に共産党に敗北し台湾に逃れた。

▼**毛沢東**（一八九三〜一九七六）　中国の革命家・政治家。一九二一年に共産党創立大会に参加して革命運動に従事し、三一年に中華ソヴィエト共和国政府主席に就任。三七年から国民党とともに抗日戦を展開した。四五年に中央委員会主席に就任。日本の敗戦後は国共内戦に勝利し、四九年に中華人民共和国を樹立した。

指導部は、コミンフォルムから追放された。

アメリカに対するスターリンの警戒は、原爆の独占に対抗しようとする強い姿勢に早くもあらわれていた。一九四五年八月二十日にスターリンは、内務人民委員ベリヤ▲のもとに核爆弾開発のための委員会を設置し、核開発に乗り出した。あらゆる資源を投入した努力の結果、四九年八月にソ連は初めて核実験に成功し、アメリカもこれを認めざるをえなかった。アメリカによる核兵器の独占は終わりを告げ、ソ連は軍事力でもアメリカに対抗しうる「超大国」となったのである。

一方、東アジアの社会主義運動は、当初スターリンの強い関心を引くことはなかった。ここではむしろ、第二次世界大戦で獲得したソ連の権益を確保するために、スターリンは蔣介石▲の国民党との関係を維持する方針をとっていた。しかし国民党と共産党のあいだで内戦が激化し、共産党勢力の勝利が確実になると、スターリンは毛沢東▲の共産党による革命を認めて新たな中ソ関係を結ぶことに同意した。

朝鮮半島では、ソ連占領地域で一九四六年に臨時人民委員会が組織され、抗日戦の指揮を執った元ソ連軍将校の金日成《キムイルソン》▲がソ連の後押しで委員長の座に就いた。四八年にアメリカ占領地域で大韓民国が成立すると、ソ連占領地域では金日成を首班とする朝鮮民主主義人民共和国が成立した。金日成は武力で朝鮮半島を統一する意思をスターリンに伝えたが、スターリンは対米関係を考慮してこれを認めなかった。しかし翌四九年に中華人民共和国が成立すると、金日成は改めて南への侵攻の許可を求めた。結局スターリンは五〇年四月、中国の支持を条件に武力統一方針を認めた。こうして同年六月、朝鮮戦争が始まった。この戦争は長期化し、スターリン死後の五三年七月にようやく停戦協定が結ばれた。

権力維持への執念

第二次世界大戦が終わったとき、スターリンは六五才になっており、肉体的な衰えは隠せなかった。戦中から戦後にかけてスターリンを支えたのは、レニングラード党委員会書記から政治局員となり、書記と組織局員を兼務して大きな発言力を持ったジダーノフだった。戦後スターリンは、マレンコフ▲やベリヤ

▼金日成（一九一二〜九四）　北朝鮮の革命家・政治家。日本植民地時代に満洲で抗日パルチザン活動を展開し、一九四五年にソ連占領下の北朝鮮に帰国して、ソ連の支援をえて北朝鮮共産党の指導者となった。四八年に朝鮮民主主義人民共和国が成立すると首相に就任し、朝鮮労働党中央委員会委員長となった。

▼ゲオルギー・マクシミリアノヴィチ・マレンコフ（一九〇二〜八八）　ソ連の政治家。オレンブルクに生まれ、一九二〇年に共産党に入党。党官僚として活動し、三九年に中央委員会書記に就任。第二次世界大戦中は国家防衛委員会委員として戦争指導にあたり、四六年に政治局員に就任。五三年のスターリン死後に首相に就任したが、フルシチョフとの主導権争いのなかで五五年に首相職を辞任し、五七年に失脚した。

▼アレクセイ・アレクサンドロヴィチ・クズネツォフ(一九〇五〜五〇) ソ連の政治家。ノヴゴロドに生まれ、一九二五年に共産党に入党し、三二年から党活動に従事。ジダーノフのもとでレニングラード党委員会第二書記となった。四六年に中央委員会書記に抜擢されたが、四九年八月にレニングラード事件で逮捕され、翌年十月に処刑された。

らモスクワ中央の若手指導者を登用するとともに、レニングラード党委員会書記を経験したクズネツォフ▲らを登用し、両者を対抗させてバランスを取りながら統治していた。

しかし一九四八年八月末にジダーノフが急死すると、マレンコフとベリヤは巻き返しを図った。彼らは、レニングラード党組織指導部がモスクワ中央から自律的な活動を展開していると批判し、これを攻撃した。その結果、翌四九年春から、レニングラード党組織にかかわった人々に対する弾圧がおこなわれた。「レニングラード事件」と呼ばれるこの出来事では、中央委員会書記クズネツォフや、レニングラード派の支援者と目された政治局員ヴォズネセンスキー▲(次頁用語解説参照)らの高官を含む、多数の有力者が逮捕された。この事件へのスターリンの直接の関与は明らかではないものの、彼がレニングラード派弾圧を承認し、そこから利益をえようとしたことは疑いない。

同じ頃スターリンは、ソ連国内のユダヤ人社会に疑惑の目を向けはじめていた。独ソ戦の時期にスターリンは、ドイツのファシズムと戦う国際的な反ファシズム運動とソ連のユダヤ人が連帯することを認め、一九四二年にユダヤ人反ファシスト委員会を組織して欧米ユダヤ人社会との連携を図っていた。しかし戦後の思想的な引き締めの強化を図るスターリンは、外国と強く結びついたこの委員会を危険視するようになったのである。

一九四七年末にユダヤ人国家建設の動きが本格化するなかで、ソ連でもユダヤ人の民族意識の高揚がみられたが、スターリンはユダヤ人社会独自の動きを警戒した。四八年一月には、ユダヤ人反ファシスト委員会議長であった俳優ミホエルス▲が自動車事故を装って謀殺され、同年十一月には委員会が「反ソ宣伝センター」として解散された。また、委員会の主要メンバーは翌四九年初めまでに逮捕され、「コスモポリタニズム批判」と呼ばれるユダヤ人批判の大キャンペーンが展開されるにいたった。外国との結びつきを危険視するスターリンの猜疑《さいぎ》心が、大規模なユダヤ人排斥を引き起こしたのである。

一九四九年十二月二十一日は、スターリンの生誕七〇周年記念の日であった。スターリン個人崇拝は絶頂に達し、新聞も雑誌もスターリンへの祝辞や彼への忠誠をあらわす記事であふれていた。記念日ののち、高血圧だったスターリンの衰えは急速に進んだ。しかしスターリンは医師を信用せず、診療を受けよう

▼ニコライ・アレクセエヴィチ・ヴォズネセンスキー（一九〇三～五〇）　ソ連の政治家。トゥーラの職員家庭に生まれ、赤色教授学院で学び、一九三五年に経済学博士。三七年からゴスプラン（国家計画委員会）副議長、のち議長を務めた。四七年に政治局員となったが、レニングラード事件に連座して四九年十月に逮捕され、翌年十月に処刑された。

▼ソロモン・ミハイロヴィチ・ミホエルス（一八九〇～一九四八）　本名ヴォフシ。ソ連の舞台監督・俳優。ラトヴィアのユダヤ人家庭に生まれる。一九二九年から国立ユダヤ人劇場の芸術監督を務めた。四二年にユダヤ人反ファシスト委員会が組織されるとその議長に就任。第二次世界大戦後、反ユダヤ主義が高揚するなかで、四八年一月に暗殺された。

としなかった。

スターリンは次第に、モロトフらの古参幹部よりもマレンコフ、ベリヤら若手指導者を重用するようになった。モロトフの妻ジェムチュージナがユダヤ人反ファシスト委員会事件にかかわって一九四九年に逮捕されると、モロトフは外務大臣を解任された。またミコヤンもレニングラード事件に連座するかたちで外国貿易相を解任された。指導部内で彼らの地位は急速に低下し、マレンコフとベリヤの影響力が大きくなると、スターリンは四九年十二月にウクライナからフルシチョフをモスクワに呼んで指導者間の勢力均衡を図った。

この頃からスターリンは、抑圧措置を一層強化したようにみえる。五〇年九月末には、レニングラード事件の裁判がおこなわれ、クズネツォフら解任された高官たちに死刑が宣告された。このののちレニングラード党関係者に対する抑圧が続いた。同年十一月には、グルジア共産党のミングレル人▲幹部がソ連からの離脱を目論《もくろ》んでいるとして、グルジア共産党要人が多数逮捕された。この事件は、ミングレル人であったベリヤ失脚のためにスターリンが打った布石といわれる。

▼**ミングレル人**（メグレル人）　グルジア人の一種族で、グルジア語ではメグレル人。他のグルジア人と区別される独自の言語と生活文化を有する。

抑圧が高まりをみせるなかで五一年末、政治局は戦後初めての共産党大会を開催することを決定した。一九三九年に第一八回党大会が開催されてから、すでに一二年が経過していた。スターリンは、この大会を開催して、自身の地位にとって脅威となる人々を排除しようとしたと考えられている。第一九回党大会は五二年十月に開催され、約一四〇〇人の代議員が参加した。党中央委員会報告をスターリンに代わっておこなったのは、マレンコフだった。誰もが彼をスターリンの後継者と考えた。

第一九回党大会終了の二日後、大会で選出された最初の中央委員会総会が開催された。ここでスターリンは、外国勢力に屈する態度をとったとして、古参幹部のモロトフとミコヤンを非難した。そしてスターリンは、従来の政治局を、構成員を拡大した新たな中央委員会幹部会に改組することを提案し、承認された。当時は秘密にされていたが、幹部会のもとに九人からなる幹部会ビューローが設置されており、これが従来の政治局の機能を果たすものとされた。そこからはモロトフとミコヤンの名前が外されていた。この改組には、指導部の世代交代を通じて権力の維持を目論《もくろ》むスターリンの政治的意図が働いていた。

●——晩年のスターリン　一九五二年の第一九回党大会にて。

独裁者の晩年

スターリンの猜疑《さいぎ》心はますます強まり、身近な人々にも信用をおかなくなっていった。すでに一九五二年五月に、長年スターリンの警護室長だったヴラシク▲が左遷されており、彼は十二月に逮捕された。スターリンはまた、同じく長年にわたって個人秘書を務めたポスクリョブィシェフ▲も遠ざけた。

スターリンの疑いの目は、彼の健康を管理する医師たちにも向けられた。この年十一月、スターリンの命により、クレムリンの医師たちが逮捕された。翌五三年一月十三日付『プラウダ』は、クレムリンの九人の著名な医師たちがテロリスト陰謀組織に参加して要人の殺害を計画した、と発表した。さらに公式報道は、この九人の医師のうち六人がユダヤ系で、アメリカのユダヤ人国際組織ジョイントの指令で破壊活動に従事していた、と指摘した。いわゆる「クレムリン医師団事件」である。

今日では、この背後で多くの医師たちが逮捕されており「医師団事件」公表にいたるまでに周到なシナリオが捏造《ねつぞう》されていたことが知られているが、事件の発表当時はソ連社会に大きな衝撃が走った。一九三〇年代の大テロルを知る

▼ニコライ・シドロヴィッチ・ヴラシク（一八九六〜一九六七）　ソ連の保安将校。一九三〇年代前半から五二年までスターリンの警護室長を務めた。五二年五月に警護室長職を解任され、同年十二月に逮捕されたが、五六年に釈放された。

▼アレクサンドル・ニコラエヴィチ・ポスクリョブィシェフ（一八九一〜一九六五）　スターリンの個人秘書。ヴャトカに生まれ、共産党地方組織で活動後、一九二三年に中央委員会事務局長、二四年に中央委員会書記長補佐官となった。長年にわたってスターリンの個人秘書を務めたが、五二年十月に中央委員会幹部部会勤務に異動となった。

人々は、スターリンのもとで再び大量抑圧が起こるのではないかと恐れた。特に、発表文でユダヤ人組織ジョイントが名指しされていたことは、ユダヤ系住民を戦慄させた。大規模な反ユダヤ主義キャンペーンのなかで、ユダヤ人が抑圧対象となるのは必至と思われた。

しかし、「医師団事件」が引き起こした恐怖の雰囲気は突如として収束を迎えた。五三年三月五日、スターリンが死去したのである。スターリンの死にいたる経緯については様々な情報があるが、三月一日にスターリンがモスクワ郊外の別邸で脳卒中の発作で倒れたこと、発見が遅れたうえ医師を呼んで救命措置を施すのが遅れたこと、は大筋で一致している。

脳卒中で倒れたスターリンの発見が遅れたのは、彼の許可なく居室に入ることを、彼の周囲の人々が極度に恐れていたためであった。彼らは異変を感じながらも、主人の居室に無断で入る勇気を持てなかった。ようやく夜半になって、意を決して部屋に入った人々は、床に倒れた主人を発見した。スターリンが倒れた連絡を受けた彼の側近たちが深夜に彼の別邸に集まったものの、医師が呼ばれたのは二日の朝であった。医師への連絡の遅れについても多様な解釈があ

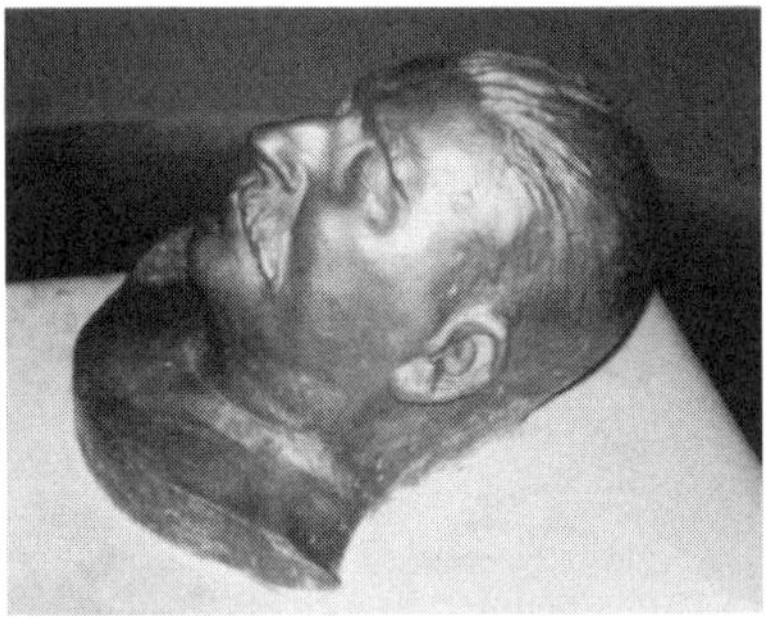

スターリンのデスマスク

り、統一的な見解はえられていない。しかし、脳卒中で倒れたスターリンを長時間放置したことが、その死を確実にしたのは間違いない。

　靴職人の息子から稀代の独裁者となったスターリンは、一九五三年三月五日夜に不帰の客となった。彼は、自らがつくりだした恐怖のシステムのなかで、その生涯の幕を閉じたのである。

スターリンとその時代

西暦	年齢	おもな事項
1878		*12-18*（ロシア暦 *12-6*）誕生（生地グルジアの戸籍簿による）
1879	0	*12-21*（ロシア暦 *12-9*）誕生（公式の生年による）
1894	14	*6-* ゴリの正教会新学校を卒業。*9-* チフリス神学校入学
1899	19	*5-* チフリス神学校から放校処分
1903	23	*7-* 東シベリアへの流刑3年の判決
1905	25	*10-30*「十月詔書」公布。*12-* タンメルフォルスでレーニンと出会う
1906	26	*7-29* エカチェリーナ・スヴァニッゼと結婚
1907	27	*3-* 長男ヤコフ誕生。*12-18* 妻エカチェリーナ死去
1908	28	*4-* バクーで逮捕。ヴォログダに流刑。こののち逮捕と流刑を繰り返す
1912	32	*1-* ボリシェヴィキ党中央委員に選出
1913	33	*3-* ペテルブルクで逮捕。*3*〜*5*「マルクス主義と民族問題」を雑誌に発表。*8-* シベリアの流刑地トゥルハンスクに到着，以後流刑先で過ごす
1917	37	*3-25* 流刑地からペトログラードに帰還。*11-8* 人民委員会議成立
1918	38	*5-29* 南部ロシアの食糧調達の責任者に就任
1919	39	*3-24* ナジェージダ・アリルーエヴァと結婚。*3-25* 政治局員と組織局員に選出
1921	41	*3-10*〜*18* 第10回党大会，ネップへの移行。*3-* 次男ワシーリー誕生
1922	42	*4-3* 書記長に選出。*12-30* ソヴィエト連邦成立
1924	44	*1-21* レーニン死去。*12-20*「一国社会主義論」発表
1925	45	*4-10* ツァリーツィン，スターリングラードと改称
1926	46	*2-28* 長女スヴェトラーナ誕生。*10-26* トロツキー，政治局員を解任
1927	47	*11-14* トロツキーとジノヴィエフ，党から除名。*12-2*〜*19* 第15回党大会
1928	48	*1-5* 政治局，「非常措置」の決定。*3-10* シャフトゥイ事件の公表
1929	49	*12-21* 生誕50周年。*12-27* クラーク清算を宣言
1930	50	*3-2* 論文「成功による眩惑」発表，コルホーズからの脱退を引き起こす
1932	52	*9-22* リューチン逮捕（リューチン事件）。*11-9* 妻ナジェージダ自殺
1934	54	*1-26*〜*2-10* 第17回党大会。*12-1* キーロフの暗殺
1936	56	*8-19*〜*24* 第一次モスクワ裁判
1937	57	*1-23*〜*30* 第二次モスクワ裁判
1938	58	*3-2*〜*13* 第三次モスクワ裁判。*11-17*「大テロル」の収束
1939	59	*8-23* 独ソ不可侵条約締結。*9-1* 第二次世界大戦勃発
1940	60	*8-20* トロツキー，スターリンの刺客に襲撃され，翌日死去
1941	61	*4-13* 日ソ中立条約締結。*6-22* 独ソ戦開始
1943	63	*4-14* 捕虜となっていた長男ヤコフ死去。*11-28*〜*12-1* テヘラン会談
1945	65	*2-4*〜*11* ヤルタ会談。*7-17*〜*8-2* ポツダム会談。*8-9* 対日参戦
1947	67	*3-12* トルーマン・ドクトリン発表。*6-5* マーシャル・プラン発表。*9-22* コミンフォルム設立
1948	68	*6-28* ユーゴスラヴィアをコミンフォルムから追放
1949	69	*2-15* レニングラード党組織の「反党行為」についての決定
1952	72	*10-5*〜*14* 第19回党大会開催
1953	73	*1-13* 医師団事件の公表。*3-5* 死去

参考文献

D. ヴォルコゴーノフ(生田真司訳)『勝利と悲劇――スターリンの政治的肖像』(上・下), 朝日新聞社, 1992年

E. H. カー(塩川伸明訳)『ロシア革命――レーニンからスターリンへ 1917-1929年』岩波書店, 2000年

G. ギル(内田健二訳)『スターリニズム』岩波書店, 2004年

A. ゲッティ, O. V. ナウーモフ編(川上洸, 萩原直訳)『ソ連極秘資料集 大粛清への道――スターリンとボリシェヴィキの自壊 1932-1939年』大月書店, 2001年

S. コーエン(塩川伸明訳)『ブハーリンとボリシェヴィキ革命――政治的伝記：1888～1938』未来社, 1979年

下斗米伸夫『ソ連＝党が所有した国家――1917-1991』講談社, 2002年

スターリン全集刊行会訳『スターリン全集』1-13, 大月書店, 1952-1954年

ソ連共産党(ボリシェビキ)中央委員会特別委員会編(東方書店出版部訳)『ソ連共産党(ボリシェビキ)歴史小教程』東方書店, 1971年

溪内謙『上からの革命――スターリン主義の源流』岩波書店, 2004年

I. ドイッチャー(上原和夫訳)『スターリン――政治的伝記』みすず書房, 1984年

L. トロツキー(武藤一羊, 佐野健治訳)『スターリン』1-3, 合同出版, 1967年

A. ノーヴ(和田春樹, 中井和夫訳)『スターリンからブレジネフまで――ソヴェト現代史』刀水書房, 1983年

長谷川毅『暗闘――スターリン、トルーマンと日本降伏』中央公論新社, 2006年

O. フレヴニューク(富田武訳)『スターリンの大テロル――恐怖政治のメカニズムと抵抗の諸相』岩波書店, 1998年

V. マストニー(秋野豊, 広瀬佳一訳)『冷戦とは何だったのか――戦後政治史とスターリン』柏書房, 2000年

S. モンテフィオーリ(松本幸重訳)『スターリン――青春と革命の時代』白水社, 2010年

S. モンテフィオーリ(染谷徹訳)『スターリン――赤い皇帝と廷臣たち』(上・下), 白水社, 2010年

横手慎二『スターリン――「非道の独裁者」の実像』中央公論新社, 2014年

L. リー, O. ナウモフ, O. フレヴニュク編(岡田良之助, 萩原直訳)『スターリン極秘書簡――モロトフあて 1925年-1936年』大月書店, 1996年

M. レヴィン(河合秀和訳)『レーニンの最後の闘争』岩波書店, 1969年

和田春樹『スターリン批判―― 1953～56年　一人の独裁者の死が、いかに20世紀世界を揺り動かしたか』作品社, 2016年

S. Davies and J. Harris (eds.), *Stalin: A New History*, Cambridge University Press, 2005.

Iosif Vissarionovich Stalin. entsiklopediia, Moskva, 2007.

N. I. Kapchenko, *Politicheskaia biografiia Stalina*, vol. 1-3, Tver', 2004-2009.

O. V. Khlevniuk, *Stalin: New Biography of a Dictator*, New Haven / London, Yale University Press, 2015.

O. V. Khlevniuk, *Stalin: zhizn' odnogo vozhdia*, Moskva, 2015.

S. Kotkin, *Stalin: Paradoxes of Power*, 1878-1928, New York, Penguin Press, 2014.

M. Kun, *Stalin: An Unknown Portrait*, Budapest / New York, Central European University Press, 2003.

H. Kuromiya, *Stalin (Profiles in power)*, London, Longman, 2005.

R. Medvedev, Z. Medvedev, *Neizvestnyi Stalin*, Moskva, 2001.(ジョレス・メドヴェージェフ，ロイ・メドヴェージェフ（久保英雄訳）『知られざるスターリン』現代思潮新社，2003年).

A. Mikoian, *Tak bylo: razmyshleniia o minuvshem*, Moskva, 1999.

E. A. Rees(ed.), *The Nature of Stalin's Dictatorship: The Politburo, 1924-1953,* Basingstoke: Palgrave Macmillan, 2004.

M. Reiman, *Rozhdenie derzhavy: istoriia Sovetskogo Soiuza s 1917 po 1945 god,* Moskva, 2015.

R. Service, *Stalin: A Biography*, Cambridge, Mass., Belknap Press of Harvard University Press, 2005.

R. Tucker, *Stalin as Revolutionary, 1879-1929: A Study in History and Personality,* New York: Norton, 1973.

R. Tucker, *Stalin in Power: The Revolution from Above, 1928-1941,* New York: Norton, 1992.

図版出典一覧

Hanns Hubmann, *Die Hitler-Zeit Bilder zur Zeitgeschichte*, o.O., Mahnert-Lueg, 1984. *64*

David King, *Red Star over Russia: A visual History of the Soviet Union from the Revolution to the Death of Stalin*, New York, Abrams, n.y.. カバー裏, *71*

Oleg Khlevniuk, *Stalin: zhizn' odnogo vozhdia*, Moskva, AST: CORPUS, 2015. *34, 63, 67*下, *75*下, *81*

Stephen Kotkin, *Stalin*, vol. 1, New York, Penguin Press, 2014. *3*上, *9, 16*右, *17, 21, 24, 25*下, *27*右, *38, 67*上, *79*

Miklōs Kun, *Stalin: An unknown Portrait*, Budapest / New York, Central European University Press, 2003. *13, 16*左, *25*中上, *27*左, *75*上, *77, 99*

Robert Service, *Stalin: A Biography*, The Belknap Press of Harvard University Press, 2005. *1, 15, 25*上, *36, 43, 84, 87, 93, 95, 102*

PPS 通信社提供 カバー表, 扉, *2, 3*下, *5, 8, 12, 14, 25*中下, *70, 80*

中嶋毅(なかしま　たけし)
1960年生まれ
東京大学大学院総合文化研究科博士課程単位取得退学，博士(学術)
専攻，ロシア近現代史・在外ロシア史
現在，首都大学東京大学院人文科学研究科教授

主要著書・訳書

『テクノクラートと革命権力――ソヴィエト技術政策史 1917-1929』(岩波書店 1999)
『現代国家の正統性と危機』(共編著，山川出版社 2002)
『文献解説　西洋近現代史』全3冊(共編著，南窓社 2011-12)
『新史料に見るロシア史』(編著，山川出版社 2013)
R. W. デイヴィス『現代ロシアの歴史論争』(共訳，岩波書店 1998)
R. サーヴィス『ロシア革命――1917-1927』(訳，岩波書店 2005)

世界史リブレット人 89
スターリン
超大国《ちょうたいこく》ソ連《れん》の独裁者《どくさいしゃ》

2017年12月20日　1版1刷発行
2022年7月31日　1版2刷発行
著者：中嶋毅《なかしまたけし》
発行者：野澤武史
装幀者：菊地信義
発行所：株式会社 山川出版社
〒101-0047　東京都千代田区内神田1-13-13
電話　03-3293-8131(営業)　8134(編集)
https://www.yamakawa.co.jp/
振替　00120-9-43993
印刷所：株式会社 プロスト
製本所：株式会社 ブロケード
 ISBN978-4-634-35089-2

世界史リブレット 人

〈シロヌキ数字は既刊〉